高职高专新能源汽车专业"1+X"课证融通新形态教材

U0366730

新能源汽车动力电池及管理系统检修

（彩色版配实训工单）

主　编　吴海东　袁　牧　苏庆列

副主编　余茂生　徐　峰　唐文昌

参　编　吴　林　胡　勇　陶林波

　　　　陈友强　黄金越　昝　强

机械工业出版社

CHINA MACHINE PRESS

本书是"岗课赛证"模式下的典型工作任务式教材,有5个项目、16个学习任务。本书系统地介绍了电动汽车的动力电池总成检修、动力电池管理系统检修、动力电池管理系统控制器检修、动力电池热管理系统检修、高压配电系统检修等内容。随书配有"实训工单"分册。

本书配套课程资源包括课程标准、教案、PPT课件、全套电子版实训工单、微课视频,可扫描封底"机工小编"二维码获取。由于篇幅有限,配套的"实训工单"分册只对主要项目提供典型任务工单。

本书可作为中高职汽车专业及汽车"1+X"证书培训教材,也可供学习电动汽车保养、维修及诊断等知识和技能的汽车从业人员参考。

图书在版编目(CIP)数据

新能源汽车动力电池及管理系统检修:彩色版配实训工单 / 吴海东,袁牧,苏庆列主编 . — 北京:机械工业出版社,2022.2(2024.9 重印)
高职高专新能源汽车专业 "1+X" 课证融通新形态教材
ISBN 978-7-111-70163-7

Ⅰ.①新… Ⅱ.①吴… ②袁… ③苏… Ⅲ.①新能源 – 汽车 – 蓄电池 –检修 – 高等职业教育 – 教材 Ⅳ.① U469.720.7

中国版本图书馆CIP数据核字(2022)第027147号

机械工业出版社(北京市百万庄大街22号 邮政编码100037)
策划编辑:齐福江   责任编辑:齐福江
责任校对:张 征 王 延   封面设计:张 静
责任印制:李 昂
北京瑞禾彩色印刷有限公司印刷

2024年9月第1版第9次印刷
184mm×260mm・13.25印张・291千字
标准书号:ISBN 978-7-111-70163-7
定价:59.00元

电话服务   网络服务
客服电话:010-88361066   机 工 官 网:www.cmpbook.com
　　　　　010-88379833   机 工 官 博:weibo.com/cmp1952
　　　　　010-68326294   金 书 网:www.golden-book.com
封底无防伪标均为盗版   机工教育服务网:www.cmpedu.com

丛书编委会

主任委员：康文浩　艾伦科技（广州）有限公司

副主任委员：刘瑞昕　中国汽车维修行业协会技术及标准化委员会
　　　　　　王晓丹　广州市汽车服务业协会
　　　　　　齐福江　机械工业出版社
　　　　　　吴海东　广东轻工职业技术学院

委　　员：杨加彪　京桔新能源汽车有限公司
　　　　　　郭　勇　广东有道汽车集团股份有限公司
　　　　　　金　鹏　比亚迪汽车工业有限公司
　　　　　　王春雷　北京汽车蓝谷营销服务有限公司
　　　　　　夏　林　万高（上海）汽车科技有限公司
　　　　　　姜春霞　北京北铃专用汽车有限公司
　　　　　　林晓东　广州亿电邦科智能网络科技有限公司
　　　　　　谢利宾　广州广汽长蔚新能源汽车销售有限公司
　　　　　　何惠娟　浙江合众新能源汽车有限公司
　　　　　　王光宏　广州华胜企业管理服务有限公司
　　　　　　茹奕洪　广西一驰教育科技有限公司
　　　　　　王景智　广东轻工职业技术学院
　　　　　　袁　牧　广东轻工职业技术学院
　　　　　　苏庆列　福建船政交通职业学院
　　　　　　梁东确　百色职业学院
　　　　　　程　章　安徽交通职业技术学院
　　　　　　徐　涛　武汉交通职业学院
　　　　　　沈先飞　襄阳职业技术学院
　　　　　　吴　林　六安职业技术学院

前　言

党的二十大报告提出绿色发展理念，要求积极稳妥推进碳达峰碳中和。新能源汽车是我国实现绿色发展，达成双碳目标的战略性新兴产业。在党的二十大精神指引下，国家相关部门陆续出台新能源汽车及其上下游产业链的扶持政策。工业和信息化部、国家发展改革委、生态环境部印发《工业领域碳达峰实施方案》提出，大力推广节能与新能源汽车，强化整车集成技术创新，提高新能源汽车产业集中度。国务院办公厅印发的《新能源汽车产业发展规划（2021—2035 年）》指出，发展新能源汽车是我国从汽车大国迈向汽车强国的必由之路，是应对气候变化、推动绿色发展的战略举措。

在相关产业政策的推动下，我国新能源汽车产业快速发展，新能源汽车市场占有率屡创新高。为满足职业院校新能源汽车专业课程建设及教学实际需要，艾伦科技（广州）有限公司、广州市汽车服务业协会等组织编写了本系列教材及对应课程资源。教材以工作任务为引领，对接岗位能力的需求，形成可测可评的教学内容，以便实施课堂一体化教学；实训工单配套对应每个工作任务，按接受任务、收集信息、制定计划、任务实施、过程检查、反馈总结六个步骤展开，并设置考核标准量化技能考核点，以便学生掌握基本技能。本书顺应"三教改革"要求，特别强调适岗性、自主性和新颖性，具体表现在：

1）融入"课程思政"元素。为落实"立德树人"的根本任务，在课程设计中有机融入思政元素、劳动教育等内容，强调培育学生自主学习的能力素养、精益求精的工匠精神和爱岗敬业的劳动态度。

2）突出"岗课赛证"相融合。为贴近新能源汽车技术服务岗位职业技能（新能源汽车保养、维修及诊断等），所有检测数据均来源于实车真实数据，而非模拟或仿真数据；并且参照教育部颁发的新能源汽车专业教学标准和智能新能源"1+X"证书相关要求，对接新能源汽车技术服务赛项赛点，力求做到"岗课赛证"相融合。

3）"微课"主导教学过程。为突出以学生为中心、以能力为本位的教育理念，所附实训工单都配有对应的微课二维码，分别链接每一个典型工作任务的规范操作视频，便于学生自主学习。

为了确保教材的编写质量，本书由具有一线工作经验的企业技术骨干和具备双师素质的"双高"校教师团队编写。广东轻工职业技术学院吴海东、广东轻工职业技术学院袁牧、福建船政交通职业学院苏庆列担任主编，福建工业学校余茂生、濉溪职业技术学校徐峰、广西电力职业技术学院唐文昌担任副主编，参编人员有六安职业技术学院吴林、湖北三峡职业技术学院胡勇、湖北黄冈应急管理职业技术学院陶林波、厦门工商旅游学校陈友强、来宾职业教育中心学校黄金越、集美工业学校昝强。

本书配套课程资源包括课程标准、教案、PPT课件、全套电子版实训工单、微课视频，扫描封底"机工小编"二维码获取。由于篇幅有限，配套的"实训工单"分册只对主要项目提供典型任务工单。"实训工单"配套视频及教材咨询请联系康先生，微信 / 电话18620062017。

本书可作为职业院校新能源汽车专业的教学用书，也可供新能源汽车技术学习及培训使用。

编　者

二维码目录

目 录

项目一 动力电池总成检修

▶ 项目导入

一辆 2018 款吉利帝豪 EV450 电动汽车出现动力电池绝缘故障（严重）。

你知道电动汽车动力电池发展过程吗？你了解锂离子电池的类型、性能、结构与工作原理吗？请你对电动汽车动力电池绝缘故障进行检测，并正确实施动力电池总成的更换操作。

▶ 教学目标

知识目标

1）掌握动力电池的发展历史。
2）掌握锂离子动力电池的类型、性能、结构和工作原理。
3）掌握动力电池绝缘性检测的内容和方法。

能力目标

1）能正确表述动力电池系统的发展过程。
2）能正确理解锂离子动力电池的类型、性能、结构和工作原理。
3）能正确进行动力电池包的绝缘性检测和动力电池包的更换操作。

一 动力电池发展概述

电动汽车"三电"包括电池、电机和电控技术，其中动力电池是电动汽车驱动力的来源，是电动汽车重要的核心组成部分。动力电池的能量密度、产品性能、使用寿命和成本等直接影响电动汽车续驶里程、动力性、安全性和使用成本。目前动力电池驱动系统占了新能源汽车成本的 30%~50%。新能源汽车动力电池大致走过了铅酸蓄电池、镍镉和镍氢电池、锂离子电池三个阶段。

1. 铅酸蓄电池

铅酸蓄电池（lead-acid battery）是当前所有重要的蓄电池技术系统中最老的可充电蓄电池系统，于 1859 年由法国人普兰特（Plante）发明，至今已有一百多年的历史。铅酸蓄电池的正极是二氧化铅（PbO_2），负极是铅（Pb），电解液是硫酸溶液（H_2SO_4），单格电池电压达 2.1V。在放电状态下，正极二氧化铅、负极铅在硫酸溶液作用下发生电化学化应，生成硫酸铅；在充电状态下，正负极硫酸铅和水发生电解反应，正极生成二氧化铅，负极生成铅和硫酸。铅酸蓄电池主要由正极板、负极板、电解液、隔板、电池槽、电池盖、极柱注液盖等组成。铅酸蓄电池的外壳一般采用工程塑料，如聚氯乙烯（PVC）或 ABS 材料等。铅酸蓄电池组成与结构如图 1-1 所示。

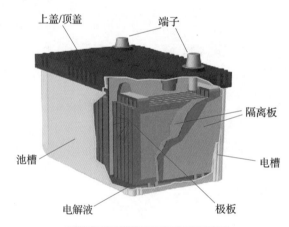

图 1-1　铅酸蓄电池组成与结构

铅酸蓄电池在 20 世纪 70 年代以前被广泛应用于电动汽车的动力源。但由于铅酸蓄电池能量密度低，比能量只能达到 30~40W·h/kg。也正是由于其能量密度低、大而笨重、循环寿命短、维护频繁等缺点，使得电动汽车在续驶里程、使用寿命等方面始终无法与当时的燃油车竞争，不得不退出历史的舞台。

但是铅酸蓄电池成本低，具备短时间内可以大电流放电的优良性能，目前还是被广泛用在传统燃油汽车上作为起动电池和电动汽车上作为低压蓄电池。铅酸蓄电池从发明到现在也一直不断地在发展更新，从开放式铅酸蓄电池发展到如今的阀控式密封铅酸（Valve Regulated Lead Acid，VRLA）蓄电池。最新一代的铅酸蓄电池技术里使用了固态电解质，在铅酸蓄电池的电解质里通过添加二氧化硅（SiO_2）使电解液凝胶化，在玻璃纤维隔膜（Absorbent Glass Mat，AGM）电池中用玻璃纤维隔膜吸附固定住电解液。近年兴起的铅碳蓄电池在负极加入了活性炭，其循环寿命、能量密度、充放电倍率等相较普通铅酸蓄电池均有了大幅度的提升。

2. 镍镉电池和镍氢电池

在镍氢电池（Ni-MH）出现之前，镍镉电池（Ni-Cd）已经获得了大规模的商业化应用，在早期的电动工具和电子产品上，大量应用镍镉电池作为可反复充放电的电源装置。金属镉具有很高的比容量，其值为 477A·h/kg，电池额定电压为 1.2V，因此镍镉电池的比能量可达到 60W·h/kg。但是镍镉电池的"记忆效应"较为严重，循环寿命较短，而且镉是重金属，毒性较强，会带来严重的环境污染，为了解决这些问题，镍氢电池应运而生。

镍氢电池采用与镍镉电池相同的镍氧化物作为正极，金属氢化物作为负极，碱液（主要成分 KOH）作为电解液，主要组成部分包括正极板、负极板、隔膜、密封圈、正极接线柱、负极集电极、金属外壳等，如图 1-2 所示。

日本三洋公司 1990 年把镍镉电池改良成镍氢电池并将其商业化，其中用能吸收氢的

图 1-2　镍氢电池结构

镍和稀土金属的合金来替代镉。自从投入市场以来，镍氢电池的比能量已经提高了 3 倍，达到当今的 80W·h/kg。镍氢电池凭借能量密度高、可快速充放电、循环寿命长、记忆效应很小，以及无污染等优点在笔记本电脑、便携式摄像机、数码相机及电动自行车等领域得到了广泛应用。

在新能源汽车领域，镍氢电池现在主要应用于混合动力汽车，如丰田在普锐斯车型上首先采用镍氢电池作为储能装置，从而推动了镍氢电池在混动和电动汽车产品上的大规模应用。以丰田第三代普锐斯为例，所采用的镍氢电池组由松下制造，重量为 53.3kg，使用 168 个电压为 1.2V 车用级镍氢电池串联而成，电池组总电压为 201.6V，电池容量 1.3kW·h，如图 1-3 所示。普锐斯的镍氢电池组，使用寿命可以达到 10 年。

图 1-3　丰田普锐斯镍氢动力电池组

除了丰田的普锐斯之外，其他使用镍氢电池的混合动力车辆包括本田 Insight 和 Civic Hybrid、福特 Escape、雪佛兰 Malibu；使用镍氢电池的纯电动汽车有通用汽车第二代 EV1、本田 EV Plus、福特 Ranger EV 等。但是随着锂离子电池的快速发展，其优越的性能全面超越镍氢电池，因此在电动汽车领域，镍氢电池逐渐被锂离子电池所取代。丰田的第四代普锐斯已经开始采用锂离子电池，其他采用镍氢电池的混合动力车型和纯电动车型也大多停产，或采用锂离子电池来替代镍氢电池。

3. 锂离子电池

锂离子电池的前身是锂金属电池，起源于 1962 年，当时的锂电池是一种一次性放电后就不能再次充电的电池（一次电池）。其负极材料用的是金属锂，正极材料用的是二氧化锰。三洋公司 1972 年将这种电池投放市场。加拿大的莫力能源公司（Moli Energy）1985 年开发出第一个可再充锂电池（二次电池），使用的是金属锂作为负极和硫化钼作为正极。该电池凭借着优异的性能迅速火遍全球，莫力能源公司成为全球首屈一指的电池企业。然而好景不长，多起电池起火爆炸事件引发了大规模的召回，莫力能源公司也从此一蹶不振，最终被日本 NEC 公司收购。

随后的研究表明金属锂二次电池起火爆炸的主要原因来自于充电过程中的锂枝晶生长，锂枝晶穿透隔膜，导致正负极短路，从而引起着火、爆炸等安全事故。因此人们开始尝试开发一种能够替代金属锂的负极材料。当时正在旭化成工作的日本科学家吉野彰（Akira Yoshino）将目光转向了高能量密度的石墨负极材料，并采用新的碳酸酯类溶剂解决了传统溶剂 PC（碳酸丙烯酯）无法在石墨负极表面形成稳定固体电解质（SEI）膜的问题，并在 1987 年推出了以焦炭为负极，以钴酸锂（LCO）为正极的锂离子电池，完全去除电池中的金属锂，这也是目前所有锂离子电池体系的雏形，也正是因此吉野彰被称为锂离子电池之父，此后旭化成的合作伙伴索尼公司和 A&T Battery 公司成功的将锂离子电池商业化，并在摄像机等消费电子产品巨大需求的刺激下迅速发展，取得了巨大的成功。

提到吉野彰研发的锂离子电池，我们就不得不提另外一位重量级人物约翰·古迪纳夫（John B. Goodenough）。早期的锂离子电池，以及目前大多数的锂离子电池采用的正极材料都是一种叫做钴酸锂的材料，而这种材料正是约翰·古迪纳夫一手打造。他们与另一位科学家 M. 斯坦利·威廷汉（M. Stanley Whittingham）因对锂离子电池发展作出突出贡献，一起获得了 2019 年诺贝尔化学奖，如图 1-4 所示。

锂离子电池依靠锂离子（Li+）在正极和负极两个电极之间往返嵌入和脱嵌来工作。锂离子电池充电时，锂离子从正极材料的晶格中脱嵌，经过电解质溶液和隔膜到达负极，而作为负极的碳呈层状结构，它有很多微孔，到达负极的锂离子就嵌入到碳层的微孔中，嵌入的锂离子越多，充电容量越高；锂离子电池放电时，锂离子从负极碳层中脱嵌，通过电解质溶液和隔膜重新嵌入正极材料晶格中，回到正极的锂离子越多，电池的放电容量越大，如图 1-5 所示。在整个充放电过程中，没有金属锂存在，只有锂离子。从充放电的可逆性来看，锂离子电池反应是一种理想的可逆反应。锂离子电池的电极反应表达式为

正极反应式：$LiMO_2 \rightarrow Li_{1-x}MO_2+xLi^++xe^-$

负极反应式：$nC+xLi^++xe^- \rightarrow Li_xC_n$

电池总反应式：$LiMO_2+nC \rightarrow Li_{1-x}MO_2+Li_xC_n$

式中 M 代表 Co、Ni、Mn 等金属。

图 1-4　2019 年诺贝尔化学奖得主

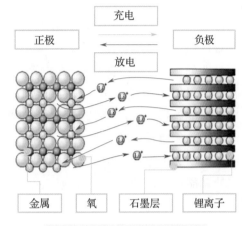

图 1-5　锂离子电池的工作原理

4. 三种类型动力电池比较

表 1-1 为三种类型的动力电池性能对比。

表 1-1　三种类型的动力电池性能对比

电池类型	能量效率（%）	能量密度/（W·h/kg）	额定电压/V	循环寿命（次）
铅酸蓄电池	80	35~50	2.1	500~1000
镍氢电池	70	60~80	1.2	1000~1500
锂离子电池（三元锂）	90	150~200	3.7	1500~3000

铅酸蓄电池作为纯电动汽车动力源，在比能量、深度放电循环寿命、快速充电能力等方面均比镍氢电池、锂离子电池差，不适用于纯电动汽车。但由于其价格低廉，国内外最终将其定位于速度不高、路线固定、充电站设立容易规划的纯电动汽车上。

镍氢电池具有无污染、高比能量、大功率、快速充放电、安全性好、循环寿命长的优点。相比铅酸蓄电池，能量密度接近普通铅酸蓄电池 3 倍，循环使用寿命也远长于铅酸蓄电池，80% 放电深度（DOD）循环寿命达 1000 次以上，在混动汽车上可以使用 5 年以上。镍氢电池不含铅、镉等有害金属，对环境更加友好。镍氢电池使用温度范围较广，正常工作温度范围为 $-30{\sim}55℃$，工作可靠性更高。镍氢电池在短路、针刺、挤压、跌落、加热等安全性测试上要优于锂离子电池，而且成本也比锂离子电池低，限制镍氢电池在纯电动汽车上应用的主要不足是能量密度远低于锂离子电池，影响纯电动汽车续驶里程。

从表 1-1 中可以看出，锂离子电池相比铅酸电池、镍氢电池，各方面性能均遥遥领先。与镍氢电池相比：额定电压是镍氢电池 3 倍、能量密度也是镍氢电池 2.5 倍左右，而且体积小、自重轻、循环寿命长、自放电率低、无记忆效应、无污染等。所以锂离子电池很快成了混动和纯电动汽车动力电池的不二选择，国内外的汽车制造厂商纷纷在其混动和纯电动汽车上搭载锂离子电池。

目前阻碍锂离子动力电池发展的主要问题在于安全性能和动力电池的管理系统复杂性方面。由于纯电动汽车动力电池的工作电压一般都超过 100V，而单个锂离子动力电池的工作电压是 3.7V（三元锂电池），因此必须由多个电池串联而提高电压，但由于各单体电池难以做到完全均一的充放电，因此导致串联的多个电池组内的单体电池会出现充放电不平衡的状况，电池会出现充电不足和过放电现象，而这种状况会导致电池性能的急剧恶化，最终导致整组电池无法正常工作，甚至报废，从而大大影响电池的使用寿命和可靠性。此外锂离子电池对工作温度的要求也很高，理想的工作温度是 20~40℃，研究表明锂离子动力电池的工作温度每上升 10℃，电池的可靠性会下降 50%，工作性能下降 30%，锂离子动力电池自燃等故障往往是电池温度过高引起的。锂离子电池组需要配合热管理系统使其能在正常的温度范围内工作。

动力电池的参数及性能指标

1. 电压

动力电池电压可分为电动势、开路电压、端电压、终止电压、工作电压和额定电压。动力电池电动势（EMF）又称为理论电压，指电池断路时，正负两极间的电位差。电池的电动势可以从电池体系热力学函数自由能的变化计算可得。

（1）开路电压　电池开路电压（Open Circuit Voltage，OCV）指在开路状态下（即无负荷情况下），电池两电极之间的内电压。开路电压不等于电池的电动势。电池的电动势是从热力学函数计算而来的，而开路电压则是实际测量出来的。电池的开路电压取决于电池的荷电状态、温度、记忆效应以及其他因素。

（2）端电压　端电压指电池接通负载后两电极之间的有效电压。

（3）终止电压　终止电压指电池必须停止放电的电压值。

（4）工作电压　工作电压是指电池在某负载下实际的放电电压，通常是指一个电压范围。例如，铅酸蓄电池的工作电压在 2.0~1.8V，镍氢电池的工作电压在 1.5~1.1V，锂离子电池的工作电压在 3.60~2.75V。

（5）额定电压　额定电压又称为标称电压，是指该电化学体系的电池工作时公认的标准电压。例如，锌锰干电池为 1.5V，镍镉电池为 1.2V，铅酸电池为 2.1V，三元锂电池为 3.7V。

2. 容量与比容量

电池完全放电的过程中，电极的通电材料所能释放出的电荷数量称为电池容量

（Battery Capacity），用符号 C 表示，其单位为安时（A·h）。电池的容量与放电电流的大小有关，与充电放电终止电压也有关系。表征电池容量的专用术语有三个，即理论容量、额定容量和实际容量。

（1）理论容量　理论容量指根据参加电化学反应的活性物质电化学当量数计算得到的电量，是根据法拉第定律计算得到的最高理论值。

（2）额定容量　额定容量是指环境温度为 25℃±3℃ 条件下，充满电的电池以额定电流放电至终止电压所能放出电量，单位为 A·h。假设一个电池的额定容量是 1500mA·h，那么如果以 150mA 的电流给电池放电，则该电池可以持续工作 10h（1500mA·h/150mA=10h）；如果放电电流为 1500mA，则供电时间就只有 1h 左右。

（3）实际容量　实际容量指在一定的放电条件下，即在一定的放电电流和温度下，电池在终止电压前所能放出的电量。它等于放电电流和放电时间的乘积，对于实用中的化学电池，其实际容量总是低于理论容量，而通常比额定容量大 10%~20%。电池实际容量的大小，与正、负极上活性物质的数量和活性有关，也与电池的结构、制造工艺和电池的放电条件（电流、温度）有关。

（4）比容量　为了比较不同系列的电池，常用比容量的概念。比容量是指单位质量或单位体积的电池所能给出的电量，相应地也称为质量比容量（A·h/kg）或体积比容量（A·h/L）。

3. 能量与比能量

电池的能量是指电池在一定放电条件下，对外做功所能输出的电能，通常用瓦时（W·h）表示，它等于电池的容量（A·h）和电池平均工作电压（V）的乘积。电池的能量反映了电池做功能力的大小，也是电池放电过程中能量转换的量度，它影响电动汽车的续驶里程。

（1）放电能量　放电能量包括理论能量和实际能量。电池在放电过程中始终处于平衡状态，其放电电压保持电动势的数值，而且活性物质的利用率为 100%，在此条件下电池所输出的能量为理论能量。而实际能量是指电池放电时实际输出的能量，它在数值上等于电池实际容量和电池平均工作电压的乘积。由于活性物质不可能完全被利用，而且工作电压总是小于电池的电动势，所以电池的实际能量总是小于理论能量。

（2）比能量　电池的比能量也称为能量密度，可分为质量比能量和体积比能量，即分别指单位质量和单位体积的电池所能输出的能量。质量比能量的单位为 W·h/kg；体积比能量单位为 W·h/L。电池的比能量直接影响电动汽车的整车质量和续驶里程，是评价电动汽车的动力电池是否满足预定的续驶里程的重要指标。

在相同的电池能量下，动力电池的比能量越大，意味着电池的体积更小，重量更轻。目前，磷酸铁锂电池的能量密度在 150W·h/kg 左右，三元锂电池的能量密度在 250W·h/kg 左右，相同电池能量下，三元锂电池的重量比磷酸铁锂电池要轻。2020 年 10 月 28 日由工业和信息化部装备工业司指导，中国汽车工程学会牵头组织编制的《节能与新能源汽车技术路线图 2.0》提出，2025 年高端能量型动力电池单体比能量要达到 350W·h/kg，2030 年要达到 400W·h/kg，2035 年要达到 500W·h/kg，届时纯电动汽车的续驶里程将远超传统燃油汽车。

电池容量和能量容易混淆，下面我们通过一个简单的例子来说明。一节 5 号干电池，它的电压为 1.5V，电池容量为 $Q=500\text{mA·h}$，那表示此节电池以 500mA 的电流放电可以工作 1h，这是容量的概念。如果我们用这节电池给工作电流为 65μA 左右的石英钟供电，可使用时间为 $t=500\text{mA·h}/65\mu\text{A}=7692\text{h}=320$ 天，即可供电将近一年的时间。那么这节电池能量为 $E=W=UQ=1.5\text{V}\times500\text{mA·h}=0.75\text{W·h}=2700\text{J}$。

4. 功率与比功率

电池的功率是指在一定的放电条件下，电池在单位时间内所能输出的能量，单位是 W 或 kW。电池的单位质量或单位体积的功率称为电池的比功率，它的单位是 W/kg 或 W/L。如果一个电池的比功率较大，则表明在单位时间内单位质量或单位体积中给出的能量较多，即表示此电池能用较大的电流放电。因此，电池的比功率也是评价电池性能优劣的重要指标之一。

5. 电池状态

（1）荷电状态　电池荷电状态（State of Charge，SOC）又称剩余电量，是指电池当前还有多少电量。常取其与额定容量或实际容量的比值，0% 代表电池完全没电了，100% 代表电池满电。SOC 的主要影响因素有放电电流、温度、一致性、自放电和容量衰减。SOC 是动力电池管理关键参数，也是最不易获得的参数，人们试图通过测量内阻、电压、电流的变化等推算 SOC，做了许多研究工作，但直到目前，任何公式和算法都不能得到统计数据的有效支持，指示的荷电程度总是呈非线性变化。目前 SOC 的主流计算方法及其优缺点见表 1-2。

表 1-2　SOC 的主流计算方法及其优缺点

SOC 计算方法	优点	缺点
放电实验法	准确、可靠	必须中断，时间长
安时计量法	计算较为简单	相对误差较大
开路电压法	在数值上接近电池电动势	需要长时间静置
线性模型法	模型简单	不够准确
内阻法	与 SOC 关系密切	测量困难
卡尔曼滤波法	适合非线性模型	需准确的模型算法
神经网络法	精度比较高	需大量训练方法和数据

（2）功率边界　电池功率边界（State of Power，SOP）是动力电池的功率承受能力，

指下一时刻电池能够提供的最大的放电和被充电的功率。SOP 的精确估算可以最大限度地提高电池的利用效率。比如在制动时可以尽量多地吸收回馈的能量而不伤害电池；在加速时可以提供更大的功率获得更大的加速度而不伤害电池，同时也可以保证车在行驶过程中不会因为欠电压或者过电流保护而失去动力。对于低温、旧电池以及很低的 SOC 来说，精确的 SOP 估算尤其重要。例如对于一组均衡很好的电池包，在比较高的 SOC 时，彼此间 SOC 可能相差很小，比如 1%~2%。但当 SOC 很低时，会出现某个单体电池电压急速下降的情况，这个单体电池的电压甚至比其他单体电池电压低 1V 以上的情况。要保证每一个单体电池电压始终不低于电池供应商给出的最低电压，SOP 必须精确地估算出下一时刻这个电压急速下降的单体电池的最大的输出功率以限制电池的使用从而保护电池。

（3）电池健康状态　电池健康状态（State of Health，SOH）包括容量变化和功率变化。一般认为，当电池容量衰减 20% 或者输出功率衰减 25% 时，电池的寿命就到了。但是，这并不是说车就不能开了。对于纯电动汽车来说电池容量的估算更重要一些，因为它与续驶里程有直接关系，而功率限制只是在低 SOC 的时候才重要。对于混合动力汽车或插电式混合动力汽车来说，功率的变化更为重要，这是因为电池的容量比较小，可以提供的功率有限。对于 SOH 的要求也是既要高精度也要鲁棒性，没有鲁棒性的 SOH 是没有意义的。精度低于 20%，就没有意义。SOH 的估算也是基于 SOC 的估算，所以 SOC 的算法是几种算法的核心。

6. 电池寿命

（1）存储寿命　存储寿命用于衡量电池自放电的大小，可以用电池在没有负荷的一定条件下，存储至某规定容量时的天数表示，是进行放置以达到性能劣化到规定程度时所能放置的时间。

（2）循环寿命　循环寿命指电池容量等性能满足规定条件下，所能达到的最大充放电循环次数。循环寿命测试必须同时符合规定充放电循环试验制度，包括充放电速率（C）、放电深度（DOD）和环境温度范围等。

7. 电池放电倍率

电池放电倍率表示电池放电快慢的程度，用 C 表示。电池 1h 放电完毕，称为 $1C$ 放电倍率，0.5h 放电完毕称为 $2C$ 放电倍率，5h 放电完毕称为 $0.2C$ 放电倍率。假设某电池额定容量为 50A·h，以 $1C$ 放电倍率放电，则放电电流为 50A；以 $2C$ 放电倍率放电，则放电电流为 100A；以 $0.2C$ 放电倍率放电，则放电电流为 10A。

8. 电池放电深度

放电深度（Depth of Discharge，DOD）是指电池放出的容量占额定容量的百分数。充满电的电池一次放完电，即为 100%DOD，放出一半的电量，则为 50%DOD。减小放电深度可以大大延长电池的使用寿命。

三 锂离子动力电池

1. 锂离子动力电池组成

锂离子电池主要由电极、隔膜、电解质和外壳组成，如图 1-6 所示。正极主要为含锂的化合物，如钴酸锂（LCO）、锰酸锂（LMO）、磷酸铁锂（LFP）、三元锂（NCM）等。负极材料有石墨材料、无序碳材料、硅碳复合材料、钛酸锂等。隔膜为具有电绝缘特性的物质，将正负极隔开，只允许电解质中的离子通过，主要有单层 PP（聚丙烯）、单层 PE（聚乙烯）、双层 PP/PE 等。电解质通常为有机溶液、电解质锂盐和必要的添加剂等原料在一定条件下按比例配制而成。外壳采用钢壳或铝塑膜外壳，

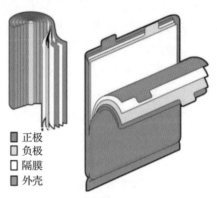

■ 正极
□ 负极
□ 隔膜
■ 外壳

图 1-6　锂离子动力电池组成

铝塑膜外壳由耐磨层、铝层、防腐蚀层和粘结层组成，其中耐磨层是电池的表面，防止电池可能受到的磨损，同时也起到密封作用，防止水分进入电池。

2. 锂离子动力电池分类

（1）按锂离子电池的外形分　可分为圆柱形、方形和纽扣形锂离子电池，如图 1-7 所示。电动汽车用锂离子电池主要为圆柱形和方形。根据 IEC61960 标准，二次锂离子电池型号的命名规则如下：

圆柱形锂离子电池　　　　　方形锂离子电池　　　　　纽扣形锂离子电池

图 1-7　圆柱形、方形和纽扣形锂离子电池

圆柱形锂离子电池的命名用 3 个字母和 5 位数字来表示，方形锂离子电池用 3 个字母的 6 位数字表示。第一个字母表示锂离子电池的负极材料，I 表示锂离子电池，L 表示锂金属电极或锂合金电极；第二个字母表示电池的正极材料，C 是基于钴的电极、N 是基于镍的电极、M 是基于锰的电极、V 是基于钒的电极等；第三个字母表示电池的形状，R 是圆柱形电池，P 是方形电池。

圆柱形锂离子电池前两位数字表示以 mm 为单位的最大直径，后三位数字表示以

0.1mm 为单位的最大高度，如 ICR18650 即表示直径为 18mm，高度 65.0mm 的圆柱形二次锂离子电池，如图 1-8 所示。

方形锂离子电池的前两位数字表示电池的厚度，单位 mm；中间两位数字表示电池的宽度，单位 mm；后两位数字表示电池的高度。如 ICP083448 表示一个方形的锂离子电池，正极材料是基于钴，厚度约 8mm，宽度约 34mm，高度约 48mm，如图 1-7 所示。若电池型号后带 P，表示功率型，此电池可以大倍率放电；若带 E，表示容量型，属大容量电池。

特斯拉电动汽车 MODEL S（85kW·h 版本）采用了松下公司生产的 7104 节 18650 圆柱形锂离子电池，通过串并联形成电池组。最新的 MODEL 3 淘汰了 18650 电池，而改用近 4000 节松下 21700 电池。从松下的动力锂离子电池测试数据看，21700 电池系统的能量密度达 300W·h/kg，比 18650 电池系统的 250W·h/kg 提升了 20%，成本下降了 9%，而且自重更轻。

（2）按照外壳不同分　可分为硬壳和软包锂离子电池。其中硬壳锂离子电池按外壳材料不同可分为钢壳和铝壳。软包锂离子电池只是液态锂离子电池套上一层聚合物外壳，在结构上采用铝塑膜包装，软包锂离子电池的强度不高，在出现安全事故如内短路等情况下，电池容易鼓起排气，降低了爆炸风险。在发生安全隐患的情况下软包电池最多只会鼓气裂开，如图 1-9 所示。

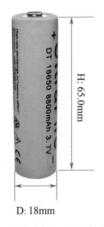

图 1-8　圆柱形锂离子电池结构参数

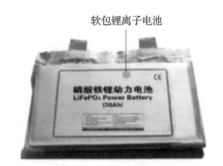

图 1-9　软包锂离子电池

不同封装形式的锂离子电池各有优缺点见表 1-3。圆柱形锂离子电池方面，目前中、日、韩等都有成熟的生产企业，采用圆柱形锂离子电池的代表车型为特斯拉。方形锂离子电池壳体多为铝合金，内部采用卷绕式或叠片式工艺，强度高，对单体电池的保护作用优于软包电池，在安全性方面，方形锂离子电池含有防爆阀，安全性能比圆柱形锂离子电池好。目前乘用车 EV 主要采用方形、圆柱形和软包锂离子电池；PHEV 主要采用方形和软包锂离子电池。商用车主要采用方形和软包锂离子电池，低速车和物流车主要采用圆柱形和软包锂离子电池。

表1-3 不同封装形式锂离子电池的优缺点

封装形式	优点	缺点
圆柱形	工艺成熟、组装成本低、成品率高、一致性好、便于各种组合	重量重、比能量低、热量难释放、安全性能不好
方形	高硬度、重量轻、散热好，易于组成模组，含防爆阀，安全性能较好	型号太多，尺寸变化需开模，成本较高
软包	比能量高、尺寸变化灵活，成本低，循环性能好、安全性好	强度低、封口工艺较难，模组结构复杂，散热性差

（3）按正极材料分 锂离子电池可分为磷酸铁锂离子电池、锰酸锂离子电池、钴酸锂离子电池和三元锂离子电池（包括镍钴锰、镍钴铝），钛酸锂用作锂离子电池负极。第一代车用锂离子电池主要是锰酸锂离子电池，第二代车用锂离子电池主要是磷酸铁锂离子电池，第三代车用锂离子电池主流为三元锂离子电池。不同正极材料的锂离子电池性能对比如表1-4所示。

表1-4 不同正极材料锂离子电池性能对比

正极材料	钛酸锂离子电池（负极）（LTO）	锰酸锂离子电池（LMO）	磷酸铁锂离子电池（LFP）	三元锂离子电池（NCM）
能量密度理论极限/（W·h/kg）	80	100	170	280
标称电压/V	2.2	3.7	3.3	3.7
循环寿命（次）	10000	600~1000	2000~3000	2000
安全性	好	较好	好	较差
成本	最高	最低	较低	高

1）磷酸铁锂离子电池。磷酸铁锂离子电池目前国内电动汽车较常采用的锂离子动力电池之一，磷酸铁锂离子电池的优点如下：

①安全性能好。可以在390℃以内的高温下保持稳定，不会因过充、温度过高、短路、撞击而产生爆炸或燃烧，可以轻松通过针刺实验。

②循环使用寿命较长。理论循环使用寿命为2000~3000次，装车正常可以使用到7~8年。实验显示，经过3000次0—100%的充放电使用，磷酸铁锂离子电池的容量也才会衰减到80%。

③热稳定性好。当电池温度处于500~600℃高温时，其内部化学成分才开始分解。

磷酸铁锂离子电池的主要缺点如下：

①能量密度较低。磷酸铁锂离子电池能量密度理论极限为170W·h/kg，形成动力电池系统的能量密度在100W·h/kg左右，和三元锂离子电池相比有不小差距，这对整车的续驶里程有一定影响。

②电池容量较小。同样的电池容量，磷酸铁锂电池的重量更重、体积更大，也影响了其续驶里程。

③低温充放电性能较差。在低温时充电对电池寿命有极大的影响，低温放电容量及放电功率也有所下降，因此冬季低温时整车会出现续驶里程低及动力性下降的现象。

此外，磷酸铁锂离子电池平整的放电平台也给电池荷电状态 SOC 估算带来了困难。

2）三元锂离子电池。三元锂离子电池是指正极材料使用镍钴锰酸锂或镍钴铝酸锂作为三元正极材料的锂离子电池，三元锂离子电池的优点如下：

①能量密度高。三元锂离子电池的理论能量密度达 280W·h/kg，目前多数电池厂家生产的三元锂电池的能量密度已经达到了 200W·h/kg，预计随着电池技术的发展，三元锂电池的能量密度会进一步提高。因此在同样的能量下，三元锂离子电池系统的重量更轻，体积更小，使得整车的续驶里程可以大幅提升。

②与磷酸铁锂电池相比，放电倍率高，一致性好，SOC 估算简便。

③低温性能好，动力电池系统可实现 −20℃直接充电，这大幅缩短了冬季充电时间。

三元锂离子电池主要的缺点如下：

①热稳定性不如磷酸铁电池，当其自身温度达到 250~350℃时，内部化学成分就开始分解。因此对电池管理系统提出了极高的要求，需要为每节电池分别加装保险装置，这就会加大其经济成本。

②成本高。对比磷酸铁锂离子电池，每瓦时价格高出 30% 左右，一定程度上增加了整车的制造成本。

③安全性较磷酸铁锂离子电池要差。三元材料的脱氧温度是 200℃，放热能量超过 800J/g，并且无法通过针刺实验，这就表明了三元电池在内部短路、电池外壳损坏的情况下，很容易引发燃烧、爆炸等安全事故。

④循环使用寿命短。由于三元锂离子电池材料本身的性质，导致三元锂离子电池在循环使用寿命上相对较短。三元锂离子电池的理论循环使用寿命是 2000 次，但在实际使用中，当进行 900 次的深度充放电循环后，电池容量就基本衰减到了 55%。若将电池充放电深度都控制在 0—50%，即使经过 3000 次的充放电循环电池容量基本还能能够保持在 70% 左右，但这需要非常优秀的电池管理系统。

3）锰酸锂离子电池。锰酸锂离子电池标称电压达到 3.7V，能量密度中等，由于锰元素储量高，资源丰富，生产制造锰酸锂离子电池的成本也较低，同时锰酸锂离子电池的安全性较好，在第一代车用动力电池中被广泛使用。但因其能量密度不高、循环寿命衰减较快，现已逐渐退出车用动力电池应用。

4）钛酸锂离子电池。钛酸锂离子电池快充性能好，放电倍率大，循环寿命长，安全性能好，低温性能好。但因其能量密度低，成本高，只在个别电动客车上使用，如银隆电动客车。

3. 锂离子电池的充放电特性

（1）锂离子电池的充电特性　锂离子电池对充电终止电压的精度要求很高，一般误差不能超过额定值的1%。终止电压过高，会影响锂离子电池的寿命，甚至造成过充电现象，对电池造成永久性的损坏；终止电压过低，又会使充电不完全，电池的可使用时间变短。

充电电流方面，锂离子电池的充电电流应根据电池生产厂的建议选用。理想的充电电流通常为$0.5C\sim1C$。大电流充电可缩短充电时间，但充电过程中电池内部的电化学反应会产生热，因此会有一定的能量损失，同时必须监测电池的温度以防过热损坏或产生爆炸。锂离子电池的充电温度一般控制在0~60℃。

锂离子电池有不同的充电方法，最简单的就是恒压充电。恒压充电时，充电电流不断下降，当充电电流降到低于$0.1C$时，就认为电池被充分充电了。但恒压充电这种方式需很长的充电时间。兼顾充电过程的安全性、快速性和高效性，锂离子电池常采用先恒流后恒压的充电方式，如图1-10所示。对于放电电压低于3V的电池，一开始就采用大电流充电对电池是一种损害，这时采用$0.1C$的小电流进行涓流预充电，可有效修复过放电的电池。因此恒流恒压充过方式通常包括三个过程：预充电、恒流充电、恒压充电。

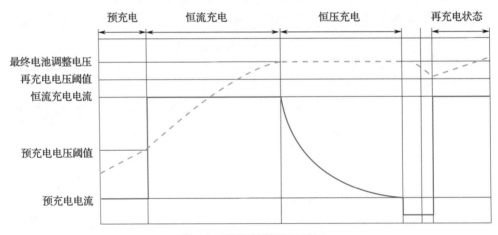

图1-10　恒流恒压充电方式

图1-11所示为三元锂离子电池的采用先恒流后恒压充电方式时充电特性，恒流电流为$0.2C\sim1C$，恒压充电电压4.2V。从图1-11中可以看出，$1C$恒流充电结束时，电池容量已达到80%以上，充电时间约为50min左右。

（2）锂离子电池的放电特性　放电方面，锂离子电池的最大放电电流一般被限制在$2C\sim3C$。更大的放电电流会使电池发热严重，对电池的组成物质造成损坏，影响电池的使用寿命。同时，由于大电流放电时，电池的部分能量转变成热能，电池的放电容量将会降低。在过放电（低于3.0V）时，还会造成电池的失效。

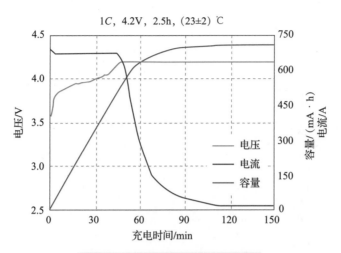

图 1-11 三元锂离子电池充电特性

1）不同放电倍率的放电特性。图 1-12 为不同放电倍率下锂离子电池的放电特性。锂离子电池放电时有如下要求：一是放电电流不能过大，过大的电流会导致内部发热，有可能会造成永久性的伤害；二是电池电压低于放电终止电压后，若仍然继续放电，将产生过放现象，这也会造成电池永久性损坏。不同的放电率下，电池电压的变化有很大的区别。放电倍率越大，相应剩余容量下的电池电压就越低。从图中可以看出，采用 0.2C 放电倍率，单体电池电压下降到 3V 时，可放出约 700mA·h，而采用 2C 放电率时，只能够给放出约 620mA·h，大电流放电时，电池的放电容量下降。

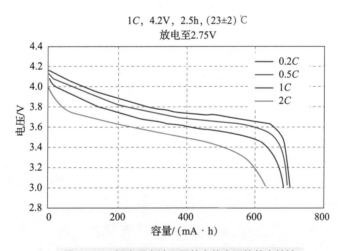

图 1-12 锂离子电池不同放电倍率下的放电特性

2）不同温度的放电特性。温度对放电性能的影响直接反映到放电容量和放电电压上。温度降低，电池内阻加大，电化学反应速度放慢，极化内阻迅速增加，电池放电容量和放电平台下降，影响电池功率和能量的输出。锂离子电池工作温度为 -25~45℃，随着电解质及正极的改进，有望能扩展到 -40~70℃。从图 1-13 中可以看出，锂离子电池最理想的放电温度在 20℃左右，此时的充放电性能均能最大化。

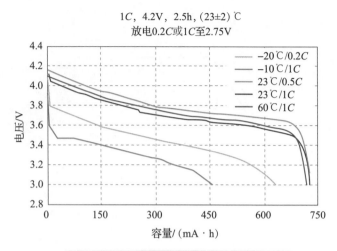

图 1-13　不同温度下锂离子电池的放电特性

通过以上锂离子电池的充放电特性可以看出，在电动汽车使用过程中，理想的充放电要求是浅充浅放。具体是指在车辆使用过程中，减少使用大电流的放电的情况，如急加速，这样会导致电池的放电容量急剧减少，使得单次行驶续驶里程快速缩短。车辆电量低于 20% 之前就开始充电，条件许可的情况下，做到随用随充，对提高电池的使用寿命是有益的。

四　动力电池包绝缘阻值检测

1. 动力电池包组成

混动、纯电动汽车的动力电池系统通常工作电压为 100 ~ 800V，而单体电池的电压为 3.7V（三元锂离子电池），这时需要将多节的单体电池通过串并联的方式组成动力电池包（Battery Pack），以满足电压和容量的要求。动力电池包成组的过程中并不是简单将单体电池串并联，而是根据动力电池箱的结构、尺寸先将单体电池组成电池模组，再将电池模组串并联组成动力电池包，并根据需要在动力电池包内系统集成接触器、热管理系统、电池信息采集系统、电池管理系统等。电池模组由多节单体电池通过串联或并联组成，并联可提高电池模组的容量，串联可提升电池模组的电压。如图 1-14 所示，4 节额定电压为 3.7V、额定容量为 1A·h 的三元锂离子电池通过并联成电池模组，模组电压仍为 3.7V，而额定容量变成了 4A·h；4 节同样的锂离子电池通过串联组成电池模组，模组电压变为 14.8V，而额定容量仍为 1A·h。

为了形象表达电池模组的单体电池连接关系，通常对动力电池模组进行编号，用字母 S 表示串联，用字母 P 表示并联，如某电池模组型号为 2P5S，代表该电池模组由 2 个单体电池并联，再将 5 组并联后的电池串联，如图 1-15 所示。该电池模组共包括 10 个单体电池，输出电压为 18.5V，容量为 2A·h。

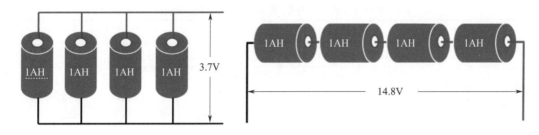

图 1-14 动力电池模组并联与串联

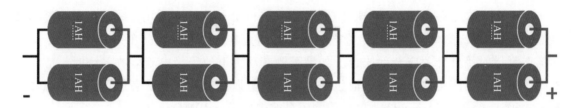

图 1-15 2P5S 电池模组

2. 动力电池包安全要求

2020 年 5 月 12 日，工业和信息化部组织制定的 GB 18384—2020《电动汽车安全要求》强制性国家标准由国家市场监督管理总局、国家标准化管理委员会批准发布，于 2021 年 1 月 1 日起开始实施。新标准代替了 GB/T 18384.3—2015《电动汽车 安全要求 第 1 部分：车载可充电储能系统（REESS）》、GB/T 18384.2—2015《电动汽车 安全要求 第 2 部分：操作安全和故障防护》和 GB/T 18384.3—2015《电动汽车 安全要求 第 3 部分：人员触电防护》。

GB 18384—2020《电动汽车安全要求》规定对于 B 级电压电路（交流电压大于 30V 且小于等于 1000V，直流电压大于 60V 且小于等 1500V）电能存储系统（动力电池包）或产生装置（燃料电池堆）在外部以及内部高压电气部件的第一可视面醒目位置设置高压危险标识，黑标、黑框、黄底，如图 1-16 所示。在高压标识附近还应清晰注明动力电池包的类型，如镍氢电池、锂离子电池等。

图 1-16 高压安全标识

在动力电池的生命周期内，其高压电气系统的输出端（正极和负极）与动力电池箱体间的绝缘阻值应大于 500Ω/V。除此以外，按标准的要求，动力电池包的绝缘防护设计还需要考虑密封性能，主要是因为水或水蒸气进入动力电池包内部会引起系统内部的高压带电部分与壳体通过阻值较低的水相连接，导致高压绝缘失效。一般动力电池的绝缘监测通过动力电池管理系统（BMS）来进行，BMS 对动力电池漏电的检测分三种状态，见表 1-5。

表 1-5　BMS 对动力电池漏电的三种检测状态

动力电池漏电	正常	$R > 500\,\Omega/V$	
	一般漏电	$100\,\Omega/V < R \leqslant 500\,\Omega/V$	仪表灯亮，报动力系统故障
	严重漏电	$R \leqslant 100\,\Omega/V$	行车中：仪表灯亮，立即断开主接触器 停车中：禁止上电；仪表灯亮，报动力系统故障 充电中：断开交流充电接触器；仪表灯亮，报动力系统故障

3. 动力电池绝缘阻值测量

按照 GB 18384—2020《电动汽安全要求》和 GB 38301—2020《电动汽车用动力蓄电池安全要求》，测量动力电池绝缘电阻时，若动力电池的电流接合开关集成在动力电池内部，测量时接合开关应全部闭合。如果车辆有动力电池绝缘电阻监测系统时，应将其关闭，以免影响测量值。动力电池包绝缘电阻测量以完全充满电状态进行，环境温度为 22℃±5℃，湿度为 15%~90%。电压检测工具的内阻应 ≥ 10MΩ。

动力电池绝缘阻值的具体的测量步骤如下：

1）使动力电池包或系统内的电力、电子开关处于激活状态，保证动力电池包处于接通（上电）。

2）用相同的两个电压检测工具同时测量动力电池包正、负极两个端子和电平台之间的电压，如图 1-17a 所示。待读数稳定，较高的一个为 U_1，较低的一个为 U_1'。

3）添加一个已知电阻 R_0，阻值宜选择 1MΩ。如图 1-17b 所示并联在动力电池包的 U_1 侧端子与电平台之间。再用步骤 2）中的两个电压检测工具同时测量动力电池包的正、负极两个端子和电平台之间的电压，待读数稳定后，测量值为 U_2 和 U_2'。

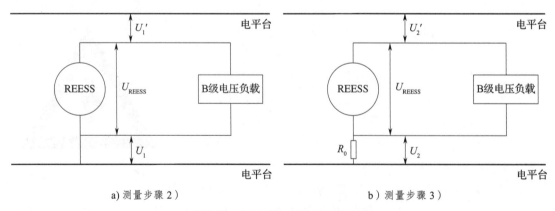

　　a）测量步骤 2）　　　　　　　　　　　　　　　　b）测量步骤 3）

图 1-17　动力电池包绝缘阻值测量

4）计算绝缘电阻 R_i。

R_i 可以使用 R_0 和四个电压值 U_1、U_1'、U_2 和 U_2' 以及电压检测设备内阻 r 代入式（1-1）或式（1-2）来计算。

$$\frac{R_\mathrm{i} \times r}{R_\mathrm{i}+r} = R_0\left(\frac{U_2{'}}{U_2} - \frac{U_1{'}}{U_1}\right) \tag{1-1}$$

$$R_\mathrm{i} = \cfrac{1}{\cfrac{1}{R_0\left(\dfrac{U_2{'}}{U_2} - \dfrac{U_1{'}}{U_1}\right)} - \cfrac{1}{r}} \tag{1-2}$$

上述动力电池包绝缘电阻测量方法与整车高压电气部件上电状态绝缘电阻测量方法一致。除了上述动力电池包绝缘电阻测量方法外，GB 38301—2020《电动汽车用动力蓄电池安全要求》还给出了第二种测量方法，使用绝缘检测仪直接测量动力电池包正、负端子对电平台绝缘阻值。具体步骤如下：

1）使动力电池包或系统内的电力、电子开关处于激活，保证动力电池包处于接通状态。

2）使用绝缘检测仪分别测量动力电池包正、负极两个端子与电平台之间的绝缘电阻（注：动力电池包电平台可以是与整车电平台连接的可导电外壳）。

3）绝缘检测仪的测量电压应为动力电池包标称电压的 1.5 倍或 500V（DC）电压的较高值。绝缘检测仪测量时间应该足够长，以便获得稳定的读数，推荐值为 30s。

五　吉利 EV450 动力电池包概述

吉利 EV450 电动汽车动力电池采用三元锂离子电池，由 10 个 1P6S 电池模组和 7 个 1P5S 电池模组串联形成，共 95 个方形单体电池组成。吉利 EV450 动力电池包方形单体电池额定电压 3.65V，整个动力电池包输出电压 346V，容量 150A·h（1C），工作范围 266~408.5V，额定功率 50kW，峰值功率 150kW，总质量 384kg。参数见表 1-6。同时，动力电池包内集成了 B-BOX（高压分配单元）、热管理系统（水冷系统）和动力电池管理系统（BMS）。动力电池管理系统的信息采集系统在每个模组设有两个温度传感器，每个单体电池设有一个电压采集点，在 B-BOX 中设有霍尔电流传感器，如图 1-18 所示。

表 1-6　吉利 EV450 动力电池包参数

项目	参数	项目	参数
单体电池类型	三元锂离子	峰值功率	150kW
单体电池额定电压	3.65V	电池包额定容量	150A·h（1C）
电池包额定总电压	346V	重量	384kg
额定功率	50kW	工作电压范围	266~408.5V

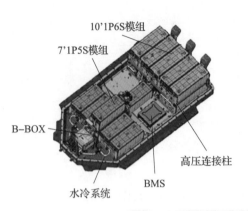

图 1-18　吉利 EV450 动力电池包组成

六　项目实施

实施准备

安全防护：做好车辆安全防护与隔离（车辆挡块、警示隔离带、高压危险警示牌）

工具设备：数字万用表、绝缘检测仪、故障诊断仪

实训车辆：吉利 EV450

辅助资料：汽车原厂维修手册、原厂电路图

任务一　电动汽车动力电池认知

1）完成学生工作页背景知识。

2）对不同的电池进行性能对比，完成工作页填表。

3）对不同类型的锂离子电池进行性能对比，完成工作页填表。

4）连接故障诊断仪，读取动力电池管理系统 BMS 的故障码、主要数据流，记录动力电池状态。

新能源汽车动
力电池认知

任务二　动力电池总成漏电检测

1. EV450 动力电池包高压电气连接线束绝缘阻值检测

吉利 EV450 动力电池包有两个高压插接器 BV16 和 BV23，分别连接车载充电机分线盒和直流充电插座，如图 1-19、图 1-20 所示。

图 1-19　EV450 动力电池包高
压电气插接器

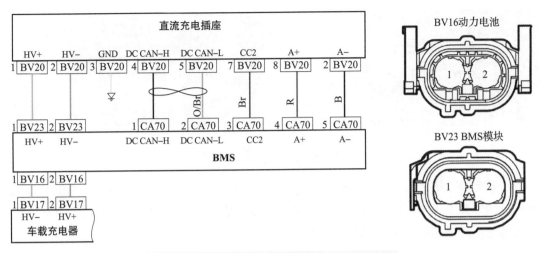

图1-20　EV450动力电池包高压电气连接线路图

（1）测量动力电池供电高压线束绝缘阻值

1）操作启动开关使电源模式至 OFF 状态。

2）断开蓄电池负极电缆，用绝缘胶带包扎好，做好绝缘防护。

3）断开直流母线 BV17 插接器，车载充电机侧。

4）断开动力电池高压线线束插接器 BV16，等待 5min。用万用表检测 BV16 端子 1 与端子 2 之间的电压，额定电压 ≤ 5V。

注意：端子 1 与端子 2 距离较近，严禁万用表针头短接和触碰任何非目标测量金属部件，并佩戴绝缘手套。

5）将高压绝缘检测仪的档位调至 1000V 档，测量动力电池高压线线束插接器 BV16 的 1 号端子与车身接地之间的电阻，标准电阻 ≥ 20MΩ。测量动力电池高压线线束插接器 BV16 的 2 号端子与车身接地之间的电阻，标准电阻 ≥ 20MΩ。

（2）测量动力电池直流充电高压线束绝缘阻值

1）断开动力电池高压线线束插接器 BV23。

2）将高压绝缘检测仪的档位调至 1000V 档，测量动力电池直流充电高压线线束插接器 BV23 的 1 号端子与车身接地之间的电阻，标准电阻 ≥ 20MΩ。测量动力电池直流充电高压线线束插接器 BV23 的 2 号端子与车身接地之间的电阻，标准电阻 ≥ 20MΩ。

2. EV450 动力电池绝缘阻值检测

1）操作启动开关使电源模式至 OFF 状态。

2）断开蓄电池负极电缆，用绝缘胶带包扎好，做好绝缘防护。

3）断开动力电池高压线线束插接器 BV16，并做好绝缘防护。

4）连接蓄电池负极电缆，操作启动开关使电源模式至 ON 档。

5）用万用表（能精确到小数点后 4 位）分别测量动力电池高压连接插座正极、负极和动力电池箱体的电压值 $V_{正}$、$V_{负}$，如图 1-21 所示。

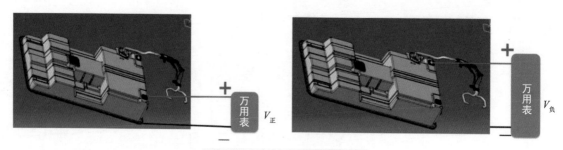

图 1-21 测量 $V_正$ 与 $V_负$ 电压值

6）比较 $V_正$ 和 $V_负$，选择电压值大的进行下一步。如 $V_正 > V_负$，在 $V_正$ 与电池箱体间并联一个 $100k\Omega$ 的电阻 R，测量 $V_正$ 与电池箱体电压值 V_2，未并联 $100k\Omega$ 的电阻 R 时测得 $V_正$ 与电池箱体电压值为 V_1，如图 1-22 所示。

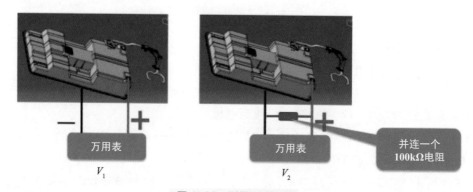

图 1-22 测得 V_1 和 V_2

7）将 V_1、V_2 电压值代入图 1-23 公式，计算出动力电池绝缘阻值应 $>500\Omega/V$。

$$\frac{\frac{V_1-V_2}{V_2}R}{V_总} > 500\Omega/V \text{ 不漏电} \qquad \frac{\frac{V_1-V_2}{V_2}R}{V_总} \leq 500\Omega/V \text{ 漏电}$$

图 1-23 动力电池绝缘阻值计算

任务三　动力电池总成更换

1. 动力电池总成更换作业准备

现场环境准备、防护用具检查穿戴、仪器工具举升平台车准备、测量绝缘地垫绝缘电阻、登记动力电池信息。

高压安全下电
操作流程

2. 拆卸动力电池总成

1）打开前机舱盖，断开蓄电池负极，用绝缘胶带包扎，等待 5min。

2）断开直流母线连接插件 BV17，位于车载充电机侧，用安全堵盖堵住直流母线两端子。

3）支撑动力电池总成。

①举升车辆（图1-24），确保举升机的支撑点不要支撑在动力电池上。

②置入平台车，使平台车支撑动力电池总成。

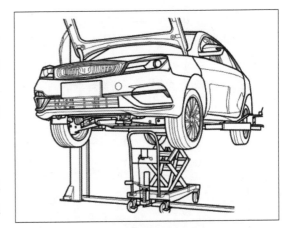

图1-24

4）拆卸动力电池总成。

①如图1-25所示，断开动力电池出水管②与水泵（电池）的连接，断开动力电池进水管①与电池膨胀壶的连接。

②如图1-26所示，断开动力电池的两个高压线束插接器2，断开动力电池的两个低压线束插接器1。

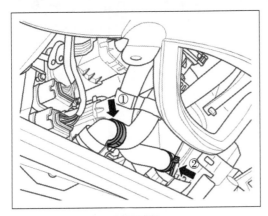

图1-25

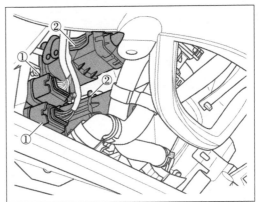

图1-26

③拆卸动力电池搭铁线固定螺栓（图1-27）。

④拆卸动力电池防撞梁4个固定螺栓（图1-28）。

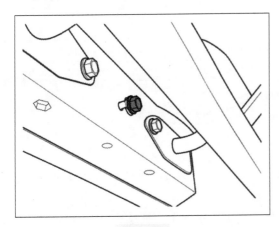

图1-27

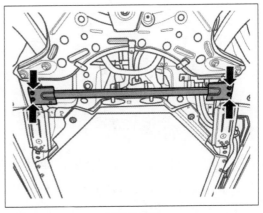

图1-28

⑤拆卸动力电池总成后部 3 个固定螺栓（图 1-29）。

⑥如图 1-30 所示，拆卸动力电池总成前部 2 个固定螺栓①。拆卸动力电池总成左右 7 个固定螺栓②。缓慢下降平台，取出动力电池总成。

注意： 动力电池下降过程中，平台车缓慢向前移动，可以避免动车电池与后悬架干涉。

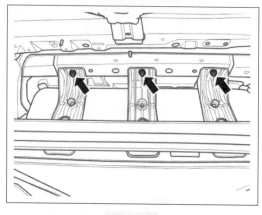

图 1-29

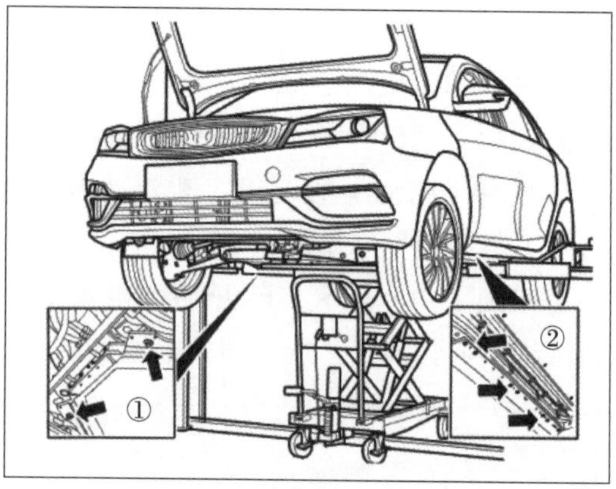

图 1-30

3. 安装动力电池总成

1）安装动力电池总成。

①缓慢举升平台车，调整平台车位置，使动力电池总成上的安装孔与车身对齐，如图 1-31 所示。

②安装并固定动力电池总成后部 3 个固定螺栓（图 1-32），力矩 78N·m。

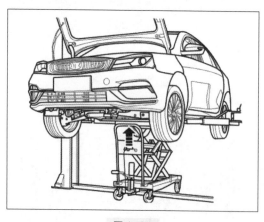

图 1-31

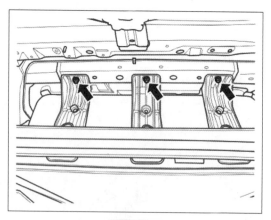

图 1-32

③如图 1-33 所示，安装并固定动力电池总成前部 2 个固定螺栓①，力矩 78N·m；安装并装并固定动力电池总成左右 7 个固定螺栓②，力矩 78N·m。

④如图 1-34 所示，连接动力电池的两个低压线束插接器 1，连接动力电池的两个高压线束插接器 2。

注意：插接时应"一插、二响、三确认"。

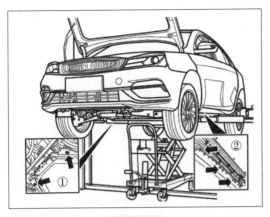

图1-33

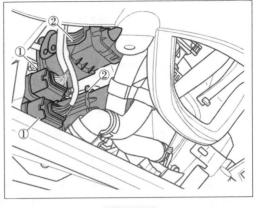

图1-34

⑤安装动力电池搭铁固定螺栓（图1-35），力矩9N·m。

⑥如图1-36所示，连接动力电池出水管与水泵（电池）的连接。连接动力电池进水管与电池膨胀壶的连接。

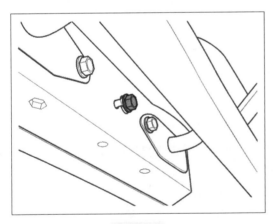

图1-35

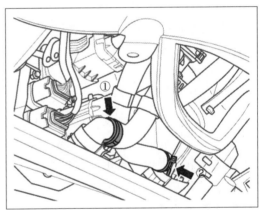

图1-36

2）连接动力电池直流母线连接插件BV17。

3）连接蓄电池负极电缆并关闭前机舱。

高压安全上电
操作流程

◎ 复习题

1. 选择题

（1）铅酸蓄电池的正极是（　　）。

  A. 铅（Pb）   B. 二氧化铅（PbO_2）

  C. 钴酸锂（LCO）   D. 镍氧化物

（2）镍氢电池的额定电压为（　　　）。

  A. 1.2V   B. 2.1V   C. 3.7V   D. 4.2V

（3）镍氢电池相对锂离子电池的优点在于（　　　）。

  A. 额定电压高 B. 能量密度高 C. 安全性好 D. 重量轻

（4）电池的开路电压取决于（　　　）。

  A. 电池的荷电状态   B. 温度

  C. 记忆效应   D. 电池电动势

（5）电池容量单位为（　　　）。

  A. A·h   B. W·h   C. I·h   D. V·h

（6）荷电状态 SOC 计算方法主要有（　　　）。

  A. 安时计量法   B. 开路电压法

  C. 线性模型法   D. 神经网络法

（7）电池额定容量为 $50A·h$，以 $0.5C$ 放电倍率放电电流为（　　　）。

  A. 50A   B. 25A   C. 10A   D. 5A

（8）充满电的电池一次放完电，则放电深度 DOD 为（　　　）。

  A. 0%   B. 20%   C. 80%   D. 100%

（9）锂离子电池正极材料主要（　　　）。

  A. 钴酸锂（LCO）   B. 磷酸铁锂（LFP）

  C. 锰酸锂（LMO）   D. 三元锂（NCM）

（10）圆柱型锂离子电池 LIR18650 表示（　　　）。

  A. 直径为 18mm，高度 650mm B. 直径为 18mm，高度 65mm

  C. 直径为 186mm，高度 50mm D. 直径为 18.6mm，高度 50mm

（11）锂离子电池采用恒流恒压充电方式通常包括（　　　）过程。

  A. 预充电 B. 恒流充电 C. 恒压充电 D. 脉冲充电

（12）某电池模组由容量 3A·h，额定电压 3.7V 的三元锂离子电池组成，电池模组输出电压 14.8V，容量为 9A·h，则该电池模组型号（　　　）。

  A. 2P3S   B. 2P4S   C. 3P3S   D. 3P4S

（13）BMS 对动力电池漏电的检测状态主要有（　　　）。

  A. 正常   B. 一般漏电 C. 严重漏电 D. 轻微漏电

（14）动力电池绝缘阻值要求大于（　　　）。

  A. 500Ω/V B. 400Ω/V C. 200Ω/V D. 100Ω/V

（15）EV450 动力电池总成的高压插接器为（　　　）。

  A. BV16   B. BV17   C. BV20   D. BV23

（16）EV450 电动汽车动力电池采用三元锂离子电池，由 10 个 1P6S 电池模组和 7 个 1P5S 电池模组串联形成，共计（　　　）节单体电池。

  A. 92   B. 93   C. 94   D. 95

2. 简答题

（1）完成下表不同类型电池性能对比。

电池类型	能量效率（%）	能量密度 / (W·h/kg)	额定电压 /V	循环寿命（次）
铅酸蓄电池				
镍氢电池				
锂离子电池（三元锂）				

（2）完成不同类型锂离子电池性能对比。

正极材料	钛酸锂离子电池（负极）（LTO）	锰酸锂离子电池（LMO）	磷酸铁锂离子电池（LFP）	三元锂离子电池（NCM）
能量密度理论极限 / (W·h/kg)				
标称电压 /V				
循环寿命（次）				
安全性				
成本				

（3）简述动力电池绝缘阻值的测量步骤。

（4）画出吉利 EV450 高压电气连接线路图，简述高压线路绝缘阻值检测过程。

项目二 动力电池管理系统检修

▶项目导入

一辆 2018 款吉利帝豪 EV450 电动汽车出现动力电池单体电压过低、动力电池性能下降故障。

你知道什么是电动汽车动力电池管理系统（BMS）吗？你了解动力电池管理系统的结构组成与工作原理吗？请你对电动汽车动力电池性能进行检测，并完成动力电池温度异常、电池不均衡故障诊断与排除。

▶教学目标

知识目标

1）掌握动力电池管理系统结构组成、类型和工作原理。
2）掌握动力电池管理系统监测、SOC 状态分析、能量管理控制和信息管理原理。
3）掌握动力力电池性能检测与故障诊断排除方法。

能力目标

1）能正确认知动力电池管理系统各组成部件。
2）能正确进行动力电池性能检测。
3）能正确进行动力电池管理系统故障诊断与排除。

一 动力电池管理系统概述

1. 什么是动力电池管理系统

电动汽车动力电池包的额定电压等级一般超过 100V，按 GB/T31466-2015《电动车辆高压系统电压等级》的规定，可选择 144V、288V、346V、400V、576V 等。电动汽车动力电池包通常由若干电池模组组成，每个电池模组由多节单体电池（一般电压小于 5V）通过串并联构成。自镍氢电池开始，单体电池的工作状态（电压、电流、温度、荷电状态等）、均衡性、充放电管理、热管理直接影响动力电池系统的工作状态和性能。以三元锂离子单体电池工作电压为例，额定电压 3.7V，最大充电电压 4.2V，最小放电电压 2.5V，欠电压会给电池造成不可逆的损害，如容量衰减和自放电加速；而过电压则可能会引起过热自燃，存在安全风险。若某个单体电池性能下降或故障将导致动力电池模组性能下降或故障而报废，因此必须确保电池模组中的每个单体电池处于最佳的工作状态。动力电池管理系统（Battery Management System，BMS）正是对动力电池包进行监测、保护和运行管理的一套系统，它是电动汽车动力电池核心技术之一。BMS 通过对动力电池包及其单体电池状态进行监测、运算分析、能量控制、均衡控制、故障自诊断等，不仅要保持动力电池正常运行、保证车辆运行安全和提高动力电池寿命，而且 BMS 是动力电池与整车控制器以及驾驶员之间的沟通桥梁，向整车控制器（VCU）上报动力电池的各项信息并在仪表上显示出来，如图 2-1 所示。

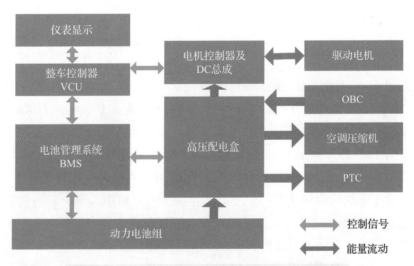

图 2-1 动力电池管理系统在电动汽车控制系统中的定位

2. 动力电池管理系统组成

动力电池管理系统（BMS）组成如图 2-2 所示，一般包括 CSC 模块（从控模块）、控制单元（BMU，主控模块）、高压配电盒、电流传感器和热管理系统五个部分组成。集中式 BMS 将从控模块与主控模块集成为一整体。

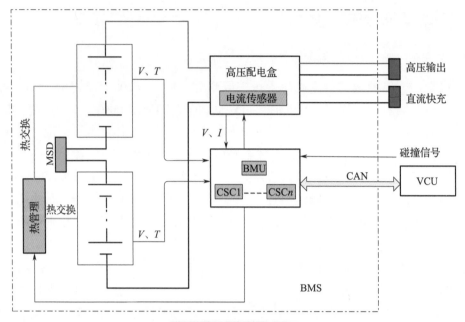

图 2-2　BMS 组成架构

（1）CSC 模块　单体电池监测电路（Cell Supervising Circuit，CSC）一般做成一个专用的集成数据采集模块，负责对动力电池模组各单体电池电压、温度和采样线的异样进行监测。为了达到动力电池系统布线的最小化，各单体电池的均衡电路也在这个模块中完成。一个动力电池模组对应一个 CSC 模块，由于动力电池包由多个动力电池模组组成，因此动力电池管理系统也就需要有多个 CSC 模块。有些动力电池管理系统将该模块称为电池信息采集器（Battery Information Collector，BIC）。

（2）控制单元　控制单元（Battery Management Unit，BMU；Battery Management Controller，BMC）是动力电池管理系统（BMS）的大脑，通常集成有动力电池总电压检测、绝缘检测模块，负责收集 CSC 模块、总电压、总电流、动力电池绝缘性监测的数据，通过 CAN 网络与整车控制器（VCU）、车载充电机（OBC）等进行交互，控制高压配电盒中的继电器等，完成车辆预充、上电、下电和充放电控制。当动力电池存在过电压、欠电压、过热、过电流时，采取安全保护措施。对动力电池 SOC、SOH、SOP 进行估算，在仪表上显示动力电池 SOC 状态并对动力电池进行充放电管理和均衡管理。根据电池工作温度、热管理系统温度等信号，对动力电池热管理系统进行控制，确保动力电池安全、高效运行。

（3）高压配电盒　高压配电盒主要包括主正继电器、主负继电器、预充继电器、预充电阻、熔断器等，有些车型还包括充电继电器。高压配电盒的继电器接收控制单元指令，完成整车预充、上电、下电过程，在短路、过热或故障情况下切断动力电池输出。熔断器的额定电压要求大于动力电池系统的最高工作电压，额定电流通常为高压回路最大负载电流的 1.5~3 倍。

（4）电流传感器　一般动力电池管理系统设有独立的电流传感器，通常置于高压配电盒内，负责对动力电池工作过程的总电流进行检测。动力电池管理系统常用的电流传感器主要有分流器和霍尔电流传感器两种。

（5）热管理系统　热管理系统是动力电池管理系统重要组成部分之一，以锂离子电池为例，理想的工作温度是20~40℃，当工作温度低于20℃时，随温度的降低，电池内阻迅速增大，电池的效率及可用于驱动的功率因而迅速降低，0℃时，这种低效率差别可达30%，低于-20℃时差别更大。工作温度大于40℃时，锂离子电池加快老化，寿命下降。经验显示工作温度每升高10℃，电池循环寿命减半。如果持续工作温度为40℃，预期循环寿命为8年，那么持续工作温度为50℃时，循环寿命只有4年了。除此以外，热管理系统还要尽可能确保各单体电池的均匀冷却，一般来说，同一位置单体电池间的温差不得超过5℃。

3. 动力电池管理系统的功用

动力电池管理系统（BMS）主要功用包括数据采集、状态估算、能量管理、安全保护、热管理、数据通信与显示和故障自诊断，如图2-3所示。

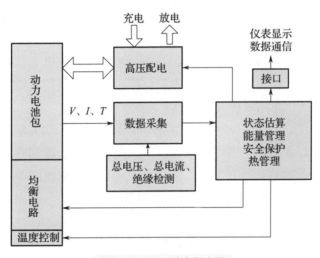

图2-3　BMS的主要功用

（1）数据采集　动力电池管理系统所有的控制均源于准确的数据采集，所采集数据包括单体电池电压、温度、总电压、总电流、绝缘阻值、高压互锁（HVIL）信号、碰撞信号、热管理系统进出水口温度等。

单体电池电压采样周期不超过50ms（20Hz），测量精度不大于±0.5% FS（满量程），且全温度范围内误差不大于±10mV。温度采集点需要反映单体电池整体温度的实时变化，采集范围-40~125℃，采样周期不大于1s，全温度范围内采样误差不大于±2℃，0~50℃采样误差不大于±1℃。总电压分别采集动力电池包输出电压和母线电压，总电压的采样周期不大于10ms，精度不大于±0.5% FS（满量程），且最大误差不超过±5V。高压母线总电流采样周期不大于10ms，精度不大于±2% FS（满量程），且最大误差不超过±5A。绝缘阻值周期性采样高压上电后或充电时母线正负极和整车车身电平台间的绝缘阻值，测量范围 0~5MΩ，一般采样周期不大于 3s。按照 GB 18384—2020《电动汽车安全要求》在最大工作电压下，直流电路绝缘电阻应 ≥ 100Ω/V，交流电路应 ≥ 500Ω/V。如果直流和交流的 B 级电压电路可导电的连接在一起，则应满足绝缘电阻 ≥ 500Ω/V 的要求。动力电池管理系统还对高压接插件的连接可靠性、维修开关及部件开合状态进行高压互锁检测，确保高压系统安全有效。对整车碰撞信号进行检测，这个信号一般来源于安全气囊的硬线信号（PWM 信号）或 CAN 网络的碰撞信号。动力电池管理系统对所有采集的数据均通过动力系统 CAN 总线与整车控制器进行交互。

（2）状态估算 状态估算是 BMS 的重要功能之一，通过采集当前动力电池状态、运行工况和充放电的电量信号，对动力电池的 SOC、SOH、SOP 进行估算，SOC、SOH 估算精度直接影响动力电池的运行效率和使用寿命，一般要求估算误差不超过 5%。SOC、SOH 信息还会与整车控制器交互，并在仪表上进行显示。

（3）能量管理 能量管理主要包括动力电池充放电管理和均衡管理。BMS 根据动力电池电量状态对充放电过程的电流和电压进行限制，控制充放电功率。动力电池模组中设置有均衡电路，对单体电池进行均衡控制，确保单体电池工作状态的一致性，提高动力电池包的整体性能和使用寿命。

（4）安全保护 BMS 具备动力电池保护功能，当出现过充电、过放电、过热时对动力电池进行限流、限压、下电控制。监测动力电池绝缘故障、高压互锁故障和碰撞信号，切断高压回路，确保人身和高压系统安全。

（5）热管理 锂离子动力电池对工作温度的要求非常高，动力电池管理系统须确保动力电池在最佳温度状态下工作，当动力电池工作温度过高时启动制冷系统进行冷却，过低时通过 PTC 加热器进行加热，并在电池工作过程中保持单体电池间温度一致性。

（6）数据通信与显示 BMS 具有与整车控制器（VCU）、车载充电机（OBC）及直流充电桩等进行通信的功能。通信方式包括模拟量、PWM 信号和动力 CAN 总线，动力 CAN 总线的速率 ≥ 500kbit/s。为了帮助驾驶员及时准确了解电动汽车动力系统的状态，动力电池管理系统还需将温度、SOC 状态和各种警示信息通过仪表进行显示。

（7）故障自诊断 BMS 具备故障自诊断功能，系统上电后根据动力电池工作状况、采样线通断等情况进行动力电池及其管理系统自身的故障判断和报警，保存故障信息以便快捷进行故障排查。

4. 动力电池管理系统的类型

动力电池管理系统（BMS）一般采用模块化设计，主要包括两大功能模块，控制单元（BMU）和单体电池监测回路（CSC），通常也称之为主控模块和从控模块。CSC（从控模块）为动力电池信息采集与均衡控制模块，负责采集动力电池信息和执行 BMU 的均衡控制。BMU（主控模块）负责处理信息处理及进行相关的控制。按主控模块和从控模块拓扑结构不同，BMS 可分为集中式和分布式两种类型。

（1）集中式 BMS 集中式 BMS 将主控模块（BMU）、从控模块（CSC）组成一个一体机，如图 2-4 所示。集中式 BMS 高度集成，主控模块与从控模块位于同一块 PCB 板内，结构简单，成本较低，所占用电池箱空间较少，维护比较简单。但由于采集线全部从一体机引出，当动力电池组串联单体电池过多时，一体机采集线十分庞大，部分采集线过长而且各采集线长短不一，容易造成信号失真和均衡时额外的电压降，过长的采集线也容易产生一些安全隐患。因此集中式 BMS 通常只适用于容量低、总电压低、串联数量不多、电池系统体积较小的车型，如场地车、低速乘用车等。

图 2-4　集中式 BMS

（2）分布式 BMS　分布式 BMS 主要由多个从控模块（CSC）、主控模块（BMU）、高压控制单元等部件构成，如图 2-5 所示。一个从控模块对应一个动力电池模组，负责对该模组单体电池电压、温度采集、均衡管理和故障诊断。由高压控制单元负责对动力电池系统的电池总电压、总电流、绝缘电阻等状态进行监测。从控模块和高压控制单元分别将采集后的数据发送到主控单元，由主控单元对动力电池系统进行状态估算、能量管理、安全保护、热管理、数据通信与显示和故障诊断等。目前主流的量产电动汽车普遍采用分布式的 BMS 架构，如 Tesla Model S/X、BMW i3/i8、BYD E5 等。

图 2-5　分布式 BMS

分布式 BMS 架构的优势在于可以根据不同的电池系统串并联设计进行高效的配置，BMS 连接到动力电池的采样线更短、更均匀、可靠性更高，同时也可以支持体积更大的电池系统。目前分布式动力电池管理系统主控、从控模块间主要采用 CAN 总线方式进行通信。

二 动力电池状态检测

1. 单体电池电压监测

单体电池电压是动力电池管理系统的重要控制参数，单体电池电压测量精度对 SOC、SOH 的估算准确性至关重要。以磷酸铁锂（LFP）、三元锂（NCM）电池为例，图 2-6 显示了 LFP、NCM 电池的开路电压（OCV）以及电压每毫伏对应的 SOC 变化。从图中我们可以看到 NCM 的 OCV 曲线的斜率相对陡峭，且大多数 SOC 范围内，每毫伏的电压变化对应的最大 SOC 率范围低于 0.4%（除了 SOC 60%~70%）。如果 NCM 电池电压的测量精度为 10mV，那么通过 OCV 估计方法获得的 SOC 误差低于 4%。因此，对于 NCM 电池而言，电池电压的测量精度需要小于 10mV。但 LFP 电池对应的 SOC 曲线的斜率相对平缓，并且在大多数范围内（除了 SOC<40% 和 65%~80%），电压每毫伏的最大相应 SOC 变化率达到 4%。因此，LFP 电池电压的采集精度要求很高，达到 1mV 左右。

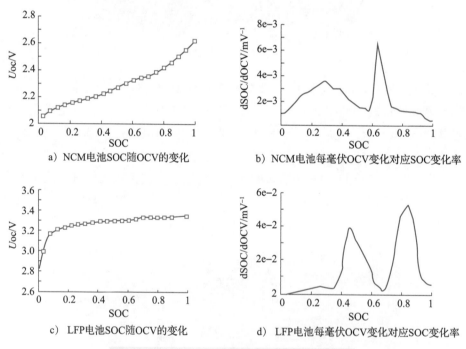

图 2-6　NCM、LFP 电池 OCV 与 SOC 的关系

单体电池电压检测按采样电路不同可分为继电器阵列法、恒流源法、隔离运放采集法、压/频转换电路采集法和线性光耦放大电路采集法。如图 2-7 所示，将比串联单体电池数量多 1 的电压采集线连接到各单体电池节点，当要测量第 M 块电池的端电压时，由控制单元发出控制信号，驱动电路控制复用器（MUX）接入第 M 根和第 $M+1$ 根采集线，通过采样保留电路（SH）采集单体电池端电压并输送到 A/D 转换芯片，由 A/D 转换芯片将单体电池电压模拟信号转化成数字信号传送。图 2-8 为吉利 EV450 单体电池电压采集信号线。

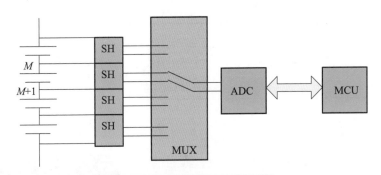

图 2-7 单体电池电压采集原理

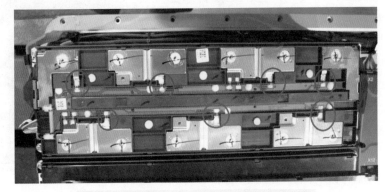

图 2-8 吉利 EV450 单体电池电压采集信号线

单体电池电压采集时延主要来自 A/D 转换器转换所需时间。通常对一个信号进行 8 bits 的 A/D 转换大概需要 $100\,\mu s$，随转换数位的增大，电压采集的时延也随之增大。随着动力电池管理系统技术的发展，一些半导体厂商面向动力电池管理系统开发 CSC 专用的采集芯片，如 ADI（亚德诺半导体技术）、MAXIM（美信）、TI（德州仪器）等均有相应的专用芯片。这些专用芯片可以测量 12~16 个串联通道的单体电池电压，并提供温度测量端口。采用专用集成芯片使得 CSC 模块电路不再需要光耦合器或隔离器，电路简化，电路板的尺寸更小，测量精度高，速度快；而且专用芯片通常配备串行通信总线，无须额外设计隔离通信，可靠性更高。CSC 专用电压监测 IC 性能对比见表 2-1。

表 2-1 CSC 专用电压监测 IC 性能对比

厂商	TI	ADI	MAXIM	INTERSIL
型号	BQ76PL455A-Q1	AD7280A	MAX14920/ MAX11163 /MAX6126	ISL78600
电压采集通道	6~16	3~6	3~16	3~12
通信总线方式	UART 差分菊花链	SPI 隔离菊花链	SPI 隔离菊花链	SPI 差分菊花链
精度（0~65℃）	± 4.25mV	± 1.6mV	± 0.5mV	± 2mV

（续）

ADC 基准电压	2.5V	2.5V	5V	2.5V
分辨率	0.1526mV/LSB	0.6104mV/LSB	0.0763mV/LSB	0.0352mV/LSB
采集时间	2.4ms	25μs	10ms	234μs

2. 电池温度监测

电池的工作温度不仅影响电池的性能，而且直接关系到电动汽车使用的安全问题，因此准确采集温度参数显得尤为重要。目前使用的电池温度传感器主要有热敏电阻、热电偶、集成温度传感器等，图 2-9 为电池温度传感器（NTC）。

（1）热敏电阻采集法　热敏电阻采集法的原理是利用热敏电阻阻值随温度的变化而变化的特性，用一个定值电阻和一个热敏电阻串联起来构成一个分压器，从而把温度的高低转化为电压信号，再通过 A/D 转换得到温度的数字信息。常用的是负温度系数热敏电阻（NTC），因热敏电阻成本低，广泛应用于电动汽车电池温度采集，但相对而言线性度不好，制造误差一般比较大。

图 2-9　电池温度传感器（NTC）

（2）热电偶采集法　热电偶的工作原理是双金属体在不同温度下会产生不同的热电动势，通过采集这个电动势的值就可以得到温度的值。温度一定时，热电动势的值仅与材料有关，因此热电偶的准确度很高。但是由于热电动势都是毫伏等级的信号，需要放大，外部电路比较复杂。一般来说，金属的熔点都比较高，热电偶常用于高温的测量。

（3）集成温度传感器采集法　由于温度的测量在日常生产、生活中用得越来越多，半导体生产商们都推出了很多集成温度传感器。这些温度传感器虽然很多是基于热敏电阻式的，但都在生产的过程中进行了校正，所以精度可以媲美热电偶，而且直接输出数字量，很适合在数字系统中使用。

3. 动力电池电流监测

动力电池管理系统充放电总电流是重要的控制参数，动力电池电流的检测需将电流转换成电压信号进行测量。目前电动汽车动力电池管理系统电流检测主要有分流器和霍尔电流传感器两种方式。

（1）分流器　分流器实际上是一个阻值非常小的电阻，该电阻要求精度高，且具有低温度系数特性，精度不易受温度影响。分流器电流检测方法如图 2-10 所示，在动力电池工作回路中串联一个分流器，当电流流过分流器时，会在分流器两端形成电压差，电流越大电压差越大，采集分流器两端电压差即可计算出电流值大小。分流器的主要指标是它的额定电流和标准化电压。额定电流是分流器允许通过的最大电流，标准化电压是分流器在通过额定电流时，在其上产生的电压降，常见的标准化电压是 75mV。制造分流器就是根据额定电流和标准化电压调整分流器的电阻，使它流过额定电流时，产生相应的标准化电压。例如，标准化电压 75mV，额定电流 100A 的分流器，制造时将它的电阻值精确调整到 75mV/100A=0.75mΩ；50A 分流器，制造时将它的电阻值精确调整到 75mV/50A=1.5mΩ。显然 75mV 的电压较小，采集电压时通常先通过放大电路放大，再输入 A/D 转换器。

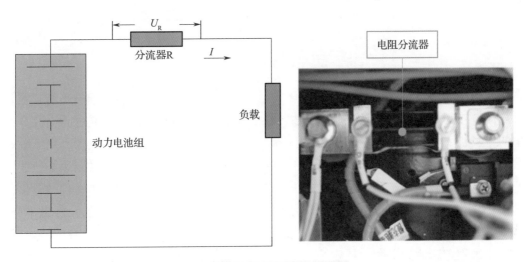

图 2-10　分流器电流检测

（2）霍尔电流传感器　霍尔电流传感器是利用霍尔效应原理来检测电流的一种电子元件，可以测各种类型的电流，从直流电流到几十千赫兹的交流电流。图 2-11 为用于电动汽车电流检测的霍尔电流传感器。霍尔电流传感器通过电磁场"感应"得到的电压信号通常较小，只有几毫伏，因此在输入 A/D 转换器前，同样需要放大电路来对信号电压进行放大，目前大部分的霍尔电流传感器已将放大电路集成到传感器内部，传感器输出电压信号可直接被利用。

图 2-11　电动汽车霍尔电流传感器

霍尔电流传感器包括开环式和闭环式两种，图 2-12 为开环式霍尔电流传感器，包括磁心、霍尔元件和放大电路。当原边电流 I_P 流过一根长导线时，在导线周围将产生一磁场，这一磁场的大小与流过导线的电流成正比，产生的磁场聚集在磁环内，通过磁环气隙中霍尔元件进行测量并放大输出，其输出电压 V_S 精确的反映原边电流 I_P 的大小。一般霍尔电流传感器的额定输出标定为 4V。

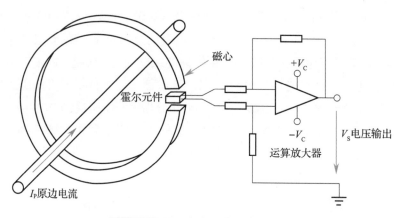

图 2-12　开环式霍尔电流传感器

　　高精度的霍尔电流传感器大多属于闭环式，闭环式霍尔电流传感器基于磁平衡式霍尔原理，如图 2-13 所示。磁心上绕有一副边补偿线圈，当主回路有电流 I_P 通过时，在导线上产生的磁场被磁心聚集并感应到霍尔元件上，所产生霍尔信号输出经过放大，用于驱动功率管并使副边补偿线圈导通，从而获得一个补偿电流 I_S。补偿电流 I_S 通过副边补偿线圈绕组产生磁场，该磁场与被测电流 I_P 产生的磁场方向正好相反，因而使霍尔元件的输出信号逐渐减小。当 I_P 与副边补偿线圈所产生的磁场相等时，I_S 不再增加，霍尔元件磁平衡。通过检测 I_S 即可测量出原边电流 I_P。当 I_P 变化时，平衡受到破坏，霍尔器件有信号输出，即重复上述过程重新达到平衡，从磁场失衡到再次平衡，所需的时间理论上不到 $1\,\mu s$。

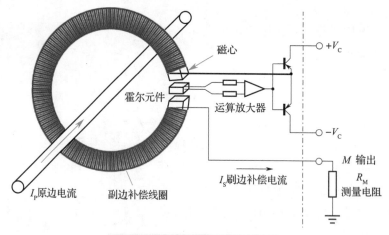

图 2-13　闭环式霍尔电流传感器

4. 高压绝缘监测

　　根据 GB 183841—2020《电动汽车安全要求》，动力电池管理系统（BMS）必须配备安全监测模块，对高压回路绝缘性进行在线监测。一种高压绝缘监测系统电路如图 2-14 所示，包括绝缘测量模块、控制模块（MCU）、绝缘故障报警模块和 CAN 通信模块等。绝缘电阻测量模块测量高压母线绝缘性；控制模块处理绝缘测量模块的信息，并根据测量结果发出相应的控制信息；绝缘故障报警模块在系统出现绝缘故障时，通过显示与报警模块警告驾驶员系统检测出该电动汽车存在绝缘故障，应采取相应的保护措施；CAN 通信模块向整车控制器输出系统监测出的绝缘故障信息，用以优化整车控制策略。也有一些动力电池管理系统（BMS）将控制模块、绝缘故障报警模块、CAN 通信模块集成于 BMS 主控模块中。

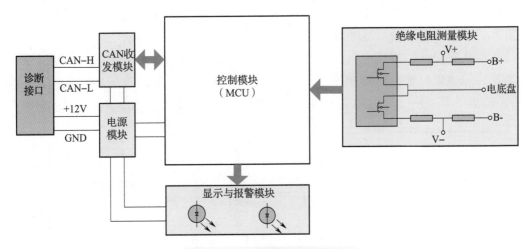

图 2-14　一种高压绝缘监测电路

绝缘测量模块对高压母线绝缘性检测的方法有漏电电流检测法、低频信号注入法和桥式电阻法（接地检测法）等。绝缘阻值 ≥ 500Ω/V 为正常，绝缘阻值 100~500Ω/V 为轻微漏电，绝缘阻值 ≤ 100Ω/V 为严重漏电。高压回路存在绝缘故障时，BMS 会上报故障并进行故障警报，严重漏电时，BMS 还会切断高压回路，确保电动汽车使用人员的安全。

（1）漏电电流检测法　漏电电流检测法是通过检测直流母线对地漏电电流来检测绝缘性的方法，通常将电流检测元件、控制单元、CAN 通信模块集成为直流漏电传感器总成，图 2-15 所示为 BYD E5 直流漏电传感器。直流漏电传感器检测动力电池直流母线负极对地的漏电电流，判断是否存在漏电故障，通过 CAN 总线与高压电控总成交互，并向动力电池管理系统控制器发送一般漏电、严重漏电控制信号。直流漏电传感器常用的电流检测元件为霍尔电流传感器。

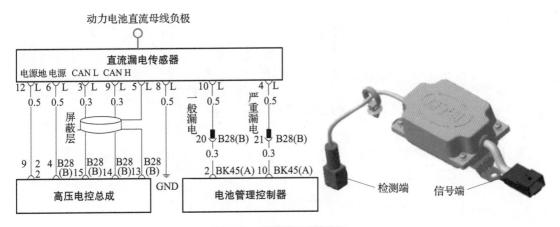

图 2-15　漏电电流检测法

（2）脉冲信号注入法　采用脉冲信号注入法可单独检测高压母线正极与接地或负极与接地的绝缘电阻。图 2-16 采用脉冲信号注入法检测高压母线正极对地绝缘电阻，将绝缘检测模块连接于高压母线正极与接地之间，绝缘检测模块内部的分压电阻 R_1、R_2 与高压正极对地电阻 R_F 形成回路，绝缘检测模块内部设有低频脉冲信号发生器，产生一个对称的方波信号，采样电路通过测量方波信号在分压电阻 R_1、R_2 上的电压，计算高压正极对地绝缘电阻 R_F。高压母线负极对地绝缘电阻检测与高压母线正极检测方法一致。

（3）桥式电阻法　桥式电阻法是直流母线无源接地检测法之一，可检测高压母线正、负极对地绝缘电阻，检测原理如图 2-17 所示。高压母线正、负极对车身绝缘电阻分别为 $R+$ 和 $R-$，R_1、R_2、R_3、R_4 为检测电路已知电阻，其中 $R_1=R_2$、$R_3=R_4$，$R_1+R_3=R_2+R_4=R$。

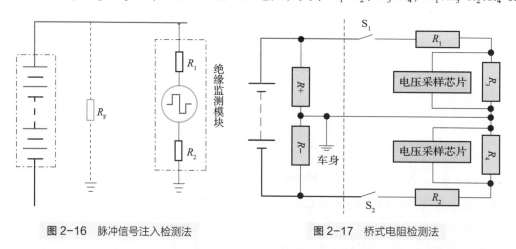

图 2-16　脉冲信号注入检测法　　　　图 2-17　桥式电阻检测法

首先闭合开关 S_1 和 S_2，通过电压采样芯片检测出高压母线正、负极对地电压 $U+$ 和 $U-$，可得：

$$\frac{R+}{R-}=\frac{U+}{U-}=N_1$$

若 $N_1>1$，闭合开关 S_1，断开开关 S_2，通过电压采样芯片计算出高压母线正、负极对地电压 $U'+$、$U'-$，可得：

$$\frac{\dfrac{(R+)\times R}{(R+)+R}}{R-}=\frac{U'+}{U'-}=N_2$$

则：
$$R+=R\times\frac{N_1-N_2}{N_2}\qquad R-=R\times\frac{N_1-N_2}{N_1\times N_2}$$

若 $N_1<1$，断开开关 S_1，闭合开关 S_2，通过电压采样芯片计算出高压母线正、负极对地电压 $U'+$、$U'-$，可得：

$$\frac{R-}{\dfrac{(R-)\times R}{(R-)+R}}=\frac{U'+}{U'-}=N_3$$

则：

$$R+=R\times\left(N_3-N_1\right)\quad R-=R\times\frac{N_3-N_1}{N_1}$$

5. 高压互锁监测

按照国际标准 ISO6469-3:2001《电动汽车安全技术规范 第3部分：人员电气伤害防护》规定，电动汽车上的高压部件应具有高压互锁装置。大部分电动汽车上的高压互锁检测功能由动力电池管理系统（BMS）完成，也有部分车型由整车控制器（VCU）完成。电动汽车高压互锁主要功用如下：

1）确保高压上电前高压系统的完整性，提高高压系统的安全性。

2）运行过程中高压回路断开或者完整性受到破坏时，启动安全防护程序。

3）防止带电插拔高压插接器给高压端子造成的拉弧损坏。

高压互锁（High Voltage Interlock Loop，HVIL）就是用低压信号来监测高压回路电气连接完整性与控制功能完整性。图 2-18 所示为某车型高压互锁控制回路，动力电池管理系统（BMS）发出一个 20mA 的低压控制电流信号，经驱动控制单元、高压配电盒、DC/DC 变换器总成，最后回到动力电池管理系统，形成一个封闭回路。

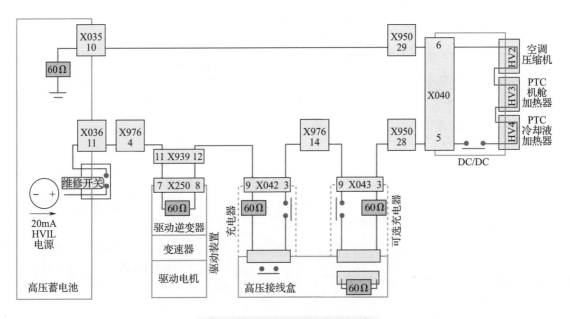

图 2-18　高压互锁回路（特斯拉）

高压互锁通过在高压插接器、维修开关（MSD）、高压部件盒盖中集成的高压互锁检测接口等来完成连接状态监测，如图 2-19 所示。当高压插接器等插接到位后，高压互锁接口闭合；当高压插接器断开后，高压互锁接口断开。高压插接器中的高压互锁接口与高压大电流接口在插接或拔出时有时间差，如图 2-20 所示。高压插接器插入时，高压接口先接触，高压互锁接口后闭合；拔出时，高压互锁接口先断开，高压接口后断开。这样确保高压插接器插拔时无高压，避免拉弧，从而对高压插接器的意外断开起到预判作用。

图 2-19　高压插接器与维修开关的高压互锁接口

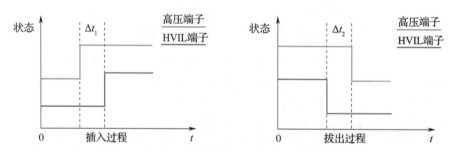

图 2-20　高压互锁插接器插拔过程状态

高压互锁 HVIL 检测电路，一般分为两种，直流源方案与 PWM 方案，如图 2-21 所示。在左图中，外部施加一个直流源在整个 HVIL 环路上面，通过检测 V1、V2 处的电压，

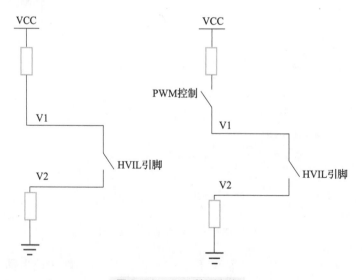

图 2-21　HVIL 检测电路

来诊断高压插接器的连接状态。右图中，引入了一个PWM调制脉宽控制信号开关，同样还是检测V1、V2处的信号电压，通过PWM控制开关，可以得到两组不同的PWM信号，两组PWM信号可以识别出更多的状态。

6. 碰撞信号监测

动力电池管理系统应具备碰撞信号检测功能，能够识别整车发出的碰撞信号，这个碰撞信号是安全气囊发出的硬线信号或是来自CAN网络的碰撞信号，动力电池管理系统监测到该信号后，将断开高压继电器，切断高压输出，如图2-22左图所示。图2-22右图为吉利EV450碰撞信号电路图，碰撞传感器信号传给安全气囊控制器ACU，ACU确认碰撞信号后，会在20ms内向总线发送"碰撞解锁和断电信号"，碰撞信号以20ms为一个周期，共发送3s。BCM和BMS连续收到3个以上的信号，就会分别执行解锁和断电功能。注意：在EV450中，BMS同时监测安全气囊（ACU）输出的硬线碰撞信号与VCU的碰撞CAN信号，两个信号同时满足时BMS判断车辆发生碰撞并切断动力电池高压输出。ACU输出的碰撞信号（硬线信号）线路故障（断路，对地或电源短路）均不会导致BMS控制动力电池断电。

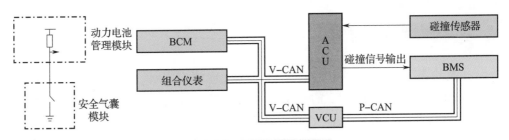

图2-22 碰撞信号监测电路

7. 继电器状态监测

高压继电器又称为高压接触器，通过低压电路控制高压回路的通断。继电器烧蚀无法接合会造成系统无法正常充放电，继电器粘连不能断开会导致高压无法下电，存在重大安全隐患，因此动力电池管理系统（BMS）须具备继电器状态监测功能。继电器状态检测的方法大同小异，主要通过继电器前后的电压变化来识别继电器的通断状态，继电器状态监测电路如图2-23所示。

继电器触点开路检测时，高压供电系统没有上电，监测点3电压为动力电池电压。执行上电操作时，主负继电器首先闭合，监测点2电压变为动力电池电压，若为0V，说明主负继电器触点断开。接着预充继电器闭合，监测点1电压变为动力电池电压，若为0V，说明预充继电器触点断开。之后主正继电器闭合，预充继电器断开。监测点1仍为动力电池电压，若为0V，说明主正继电器触点开路。高压上电状态时，监测点1、2、3电压均为动力电池电压。

继电器触点粘连检测时，执行下电操作，主正继电器首先打开，监测点1电压应降为

0V，若保持动力电池电压，则主正继电器粘连。主正继电器断开后，主负继电器断开，监测点 2 电压应降为 0V，若没有降为 0V，主负负极继电器粘连。

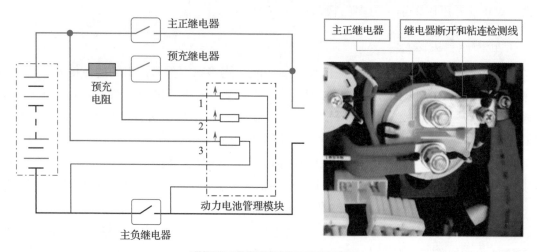

图 2-23　继电器状态监测电路

三　动力电池状态分析

动力电池状态分析是动力电池管理系统的管理核心之一，对于整个动力电池的能量管理、续驶里程预测具有重要的意义。动力电池状态分析包括动力电池荷电状态分析（SOC）、健康状态分析（SOH）、功率状态分析（SOP）、剩余寿命、实时容量等，如图 2-24 所示。

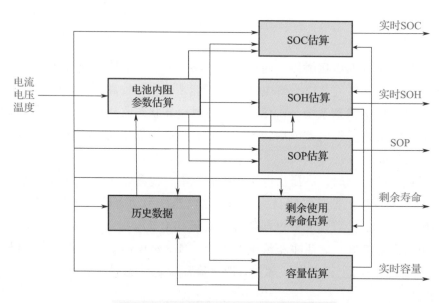

图 2-24　动力电池状态项目分析及相互关系

1.SOC 状态分析

电池荷电状态 SOC 分析是动力电池状态分析的关键之一，动力电池荷电状态 SOC 定义为

$$SOC= \frac{剩余电量}{电池容量} \times100\%$$

式中，剩余电量指从当前时刻起，电池内部通过化学反应所能释放出来的电荷量。

如果把电池比作一个杯子，那电池容量指杯子装满时的水容量，剩余电量指倒出一定水后，杯子还能倒出的水。精确估算 SOC，就必须精确计算出剩余电量和电池容量。广义剩余电量指所有可能发生的化学反应释放出来的电量，狭义剩余电量是在限定温度和放电倍率下，电池所能放出的电荷量，狭义剩余电量更能准确反映动力电池的实际荷电状态。就好比在低温条件下，水杯里有一部分水结冰冻住了，我们只能把没结冰的液态水倒出来。由于电动汽车动力电池工作环境温度和放电倍率变化较大，而且剩余电量与工作温度和放电倍率呈非线性变化关系，这给 SOC 的精确估算带来了很大的难度。目前 SOC 的估算方法主要有开路电压法、容量积分法、电池内阻法、卡尔曼滤波法、神经网络法等，其中开路电压法、容量积分法是最为经典的两种剩余电量（SOC）计算法，某种意义上来说，其他的 SOC 计算方法都可看作这两种方法的结合或改进。

（1）开路电压法 开路电压法利用动力电池组开路电压（OCV）与电池剩余电量的对应关系来估算 SOC，简称 OCV 法。这种方法虽然简单，但存在一定的不足。一是以工作电流为零时的电压作为开路电压，因此动力电池充放电时无法测量开路电压，无法估算 SOC。实际应用中，一般设定电流小于某限值时电压为开路电压，但会影响估算精度。二是开路电压适用于动力电池长时间处于静止状态，而动力电池通常处于动态工作状态，由此产生的电压回弹会导致开路电压测量不准确。

（2）容量积分法 容量积分法是已知初始剩余电量条件下，通过对一段时间内流入流出动力电池的电流进行积分，用初始剩余电量减去变化电量，从而获得当前剩余电量的方法。

$$Q_{t2} = Q_{t1} - Q_{t1}^{t2}$$

容量积分法主要的不足：一是依赖初始剩余电量 Q_{t1} 的准确性，若初始剩余电量不准，则估算荷电状态不准。二是存在累积误差问题。由于电流传感器精度不足、采样频率低、信号受干扰等，均可导致积分电流与实际值存在一定的误差。这一误差会逐步累积越来越大，消除累积误差需对剩余电量估算值进行修正。较为有效的方法是对动力电池进行完全放电后充电至饱满，实际中不能经常进行。三是容量积分法无法考虑动力电池自放电导致的电荷损失。

（3）电池内阻法 动力电池内阻与剩余电量存在密切关系，电池内阻法通过测量电池内阻来估算 SOC。动力电池内阻有交流内阻和直流内阻之分，但由于交流内阻在开路状

态下和充放电状态下差异大，而且受温度影响大，在实践中较少使用。直流内阻实际测量中，将电池从开路状态开始恒流充电或放电，相同时间里负载电压和开路电压的差值除以电流值就是直流内阻。直流内阻测量受时间影响，准确测量比较困难，在一些 SOC 估算模型中，用直流内阻法与容量积分法组合起来使用，提高 SOC 估算的精度。

（4）卡尔曼滤波法　卡尔曼滤波是利用系统的动态特性和输入输出数据，对系统的未知状态变量进行最小方差估计的方法。在动力电池 SOC 估算中，动力电池被看作一个系统，SOC 是该系统的一个内部状态。卡尔曼滤波法优势在于适用于电池的任何工作状态；可以修正系统的累积误差；有利于克服传感器精度不足带来的随机误差。卡尔曼滤波法不但可以给出 SOC 的估算值，还可以给出 SOC 的估算误差。卡尔曼滤波法的缺点在于要求电池 SOC 估算精度越高，算法就越复杂，计算量越大，而且该方法对于温度、自放电率以及放电倍率对剩余容量的影响考虑得不够全面。

（5）神经网络法　模糊逻辑推理和神经网络是人工智能领域的两个分支，模糊逻辑接近人的形象思维方式，擅长定性分析和推理，具有较强的自然语言处理能力；神经网络采用分布式存储信息具有很好的自组织、自学习能力。它们共同的特点是均采用并行处理结构，可从系统的输入、输出样本中获得系统输入、输出关系。电池是高度非线性的系统，可利用模糊推理和神经网络的并行结构和学习能力估算 SOC。

2. SOH 评估

动力电池经过长期运行性能将不断的衰减，精确的估算电池健康状态（State of Health，SOH）是计算 SOC、SOP 等电池状态参数的重要前提，只有精确估算电池健康状态，才能避免电池的过充电或过放电行为，延长电池寿命，充分发挥电池能力。电池健康状态的评价指标非常多，实践应用中通常采用容量衰减与直流内阻作为评价电池健康状态的指标。SOH 为 100% 时电池健康状态好，为 0% 时电池需更换。采用容量衰减评价电池健康状态时，SOH 定义为

$$SOH = \frac{C - C_{EOL}}{C_{BOL} - C_{EOL}} \times 100\%$$

式中，C_{EOL} 为动力电池终止寿命时的容量，根据不同标准要求，一般容量衰减 20%~30% 时，达到终止寿命；C_{BOL} 为新动力电池的容量；C 为当前动力电池容量。

采用电池直流内阻评价电池健康状态时，SOH 定义为：

$$SOH = \frac{R_{EOL} - R}{R_{EOL} - R_{BOL}} \times 100\%$$

式中，R_{EOL} 为动力电池终止寿命时的内阻；R_{BOL} 为新动力电池的内阻；R 为当前动力电池内阻。由于动力电池直流内阻与温度、荷电状态 SOC 等有关，通过内阻评价 SOH 时，往往采用一个内阻值是不准确的，通常应采用电池的内阻谱曲线，如图 2-25 所示。内阻谱曲线由严格的动力电池测试获得。

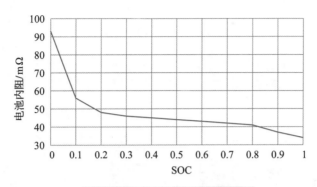

图 2-25　动力电池的内阻谱曲线

3.SOP 评估

对于电动汽车而言，SOP 是指某一时刻动力电池可以提供给负载的最大功率。SOP 与动力电池的工作温度、SOC 等有关。SOP 常常作为一个实时的控制参数由 BMS 提供给电机控制器及整车控制器。SOP 的数值单位是功率单位瓦特（W），有时也用电流单位安培（A），因为 BMS 会同时提供动力电池的总电压，总电压与电流的乘积就是动力电池所能提供的总功率。目前很多 BMS 不但要评估动力电池对外输出功率，还要评估动力电池允许充电的最大功率。BMS 通过 CAN 总线将 SOP 发送到电机控制器和充电机，在进行能量回收和充电时，控制电池的最大充电功率，以免损坏电池。

四　动力电池能量管理

动力电池能量管理主要包括充电管理、放电管理和均衡管理。充电管理指 BMS 与车载充电机或充电桩进行交互，在动力电池充电过程中，对充电电压、充电电流等进行优化控制。放电管理指 BMS 对动力电池放电过程中的状态进行监测，对放电电流等进行控制，发挥动力电池最大效能。例如当荷电状态 SOC 小于 10% 时，对最大放电电流进行限制，防止电池过放。

电动汽车动力电池组由大量的单体电池通过串联形成，由于单体电池生产工艺、自放电率的先天差异和使用过程中温度、放电倍率不同造成的后天差异，各个单体电池总会产生不同程度的不一致性。动力电池组单体电池不均衡会影响电池组整体性能。如图 2-26 所示，由于动力电池组单体电池不均衡，充电时，为防止过充电，达到最高电量单体电池充电电压时停止充电，导致其余单体电池仍未充满；放电时，为防止过放电，达到最低电量单体电池放电电压时停止放电，导致其余单体电池电量不能充分利用。BMS 的均衡控制就是尽量消除单体电池间的不一致性，从而提高动力电池组整体性能和使用寿命。

动力电池均衡按能量的转移形式可分为被动均衡（能量耗散型）和主动均衡（非能量耗散型），如图 2-27 所示。被动均衡是指将串联电池组中能量较高的单体电池通过连接电

图 2-26　单体电池不均衡产生的影响

阻负载，消耗部分能量从而达到各单体电池能量均衡的方法。该方法通过损失电池能量实现均衡，损失的电池能量转变为热量，目前已较少使用。主动均衡是通过能量转移的方式"削峰填谷"，将能量高的单体电池一部分能量转移到能量低的单体电池上，从而实现各单体电池能量均衡的方法。若忽略转移过程的能量损耗，不存在电池能量损失，且发热量少，是目前动力电池管理系统主要采用的均衡方式。主动均衡按能量转移的形式可分为电容式、电感式、变压器式和 DC/DC 变换器式。

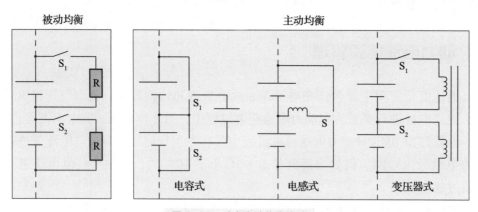

图 2-27　动力电池均衡方式

（1）电容式　电容式主动均衡按参与均衡的电容数量以及均衡电路的控制方式不同可分为单电容式和多电容式。如图 2-28 所示为单电容均衡电路，BMS 检测各单体电池电压，无需均衡时，功率开关管为常开状态。均衡启动时，假设 B_1、B_3 分别为组内电压最高、最低的单体电池，BMS 均衡器控制功率开关管 S_1、Q_2 闭合，此时单体电池 B_1 给电容 C 充电，控制功率开关管的占空比控制充电功率和时间。充电结束后，断开功率开关管 S_1、Q_2，闭合功率开关管 S_3、Q_4 闭合，电容给单体电池 B_3 充电，如此反复将 B_1 的能量转移到 B_3，直到两者均衡。单电容均衡电路具有结构简单、体积小、均衡速度快的优点。

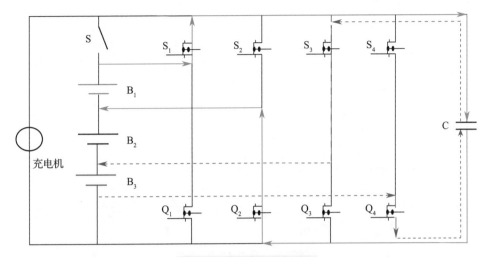

图 2-28　单电容均衡电路

图 2-29 为多电容均衡电路。一组电容器在串联电池组相邻的单体电池间，BMS 检测单体电池电压不均衡时，控制所有功率开关 S_1、S_2、S_3 同时动作，当所有开关向左打时，B_3 给电容 C_2 充电，B_2 给 C_1 充电；当所有开关向右打时，C_2 给 B_2 充电，C_1 给 B_1 充电。通过功率开关在两个触点间轮流接通，能量在两相邻的单体电池之间转移，最终由电压最高的单体电池传给电压最低的单体电池。多电容均衡开关频率可高达 100kHz 以上，所需均衡电容量较小。

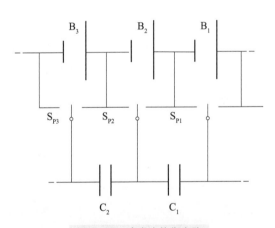

图 2-29　多电容均衡电路

（2）电感式　电感式主动均衡以电感作为储能元件完成单体电池间能量转移。按采用电感的数量和控制方式可分为单电感式和多电感式。

如图 2-30 为单电感均衡电路。设单体电池 B_1 电压开始明显高于其他单体电池电压并达到均衡阈值时，BMS 启动均衡，S_1、Q_2 开关管闭合，电感与单体电池 B_1 并联，电感储存来单体电池 B_1 的能量；当 S_1、Q_2 开关管断开的同时，Q_3、S_4 开关管闭合时，电感给单体电池 B_3 释放一定能量。如此反复完成单体电池间能量均衡。

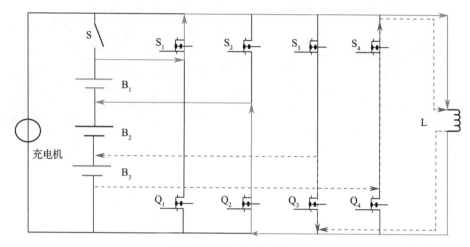

图 2-30 单电感均衡电路

多电感均衡电路在每相邻两个单体电池之间放置一个储能电感，如图 2-31 所示，通过控制功率开关通断时间，完成能量在相邻两个单体电池之间转移。启动均衡由单体电池 B_1 向 B_2 转移能量时，BMS 控制开关 S_1、S_2 向右闭合，电感 L_1 储存电量，控制开关 S_1、S_2 向左闭合，电感 L_1 向单体电池 B_2 输送电量。反之 B_2 向 B_1 转移电量。多电感均衡电路扩展性好，均衡电流大，但若需要均衡的单体电池相隔较远时，需多次中间转移，降低了均衡速度，同时均衡能量损失也较大。

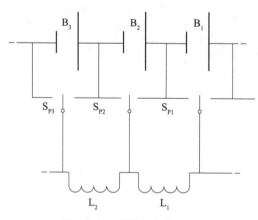

图 2-31 多电感均衡电路

（3）变压器式 变压器式均衡电路以变压器作为储能元件转移能量。按变压器的绕组数量可分为单绕组式和多绕组式。

单绕组变压器式均衡电路如图 2-32 所示。BMS 检测各单体电池电压，无需均衡时，功率开关管为常开状态。启动均衡时，假设 B_1、B_3 分别为组内电压最高、最低的单体电池，BMS 均衡控制功率开关 S_1、Q_2 闭合，变压器将 B_1 电能储存为磁能。BMS 控制功率开关 S_1、Q_2 断开的同时，闭合功率开关 S_3 和 Q_4，通过变压器的次级绕组感生的电能向 B_3 充电。如此反复，将 B_1 的电能转移到 B_3。

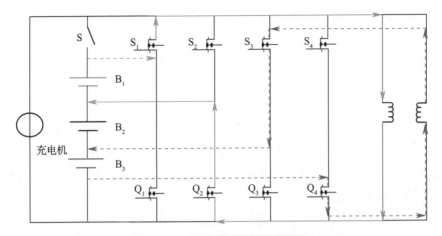

图 2-32　单绕组变压器式均衡电路

多绕组变压器式主动均衡的变压器初级通过开关 S_{P1} 控制与动力电池组相连，多个次级绕组对应各单体电池，相当于为每个单体电池配备一个变压器，如图 2-33 所示。多绕组变压器式主动均衡在单体电池与动力电池组之间进行能量转移，不涉及单体电池间的能量转移，因此只需判断单体电池的电压与动力电池组平均电压是否在规定的范围内，否则启动均衡。BMS 控制开关 S_{P1} 以一定的频率通断，变压器副边开关 S_n 闭合，副边线圈 N_n 输出平均电压为第 n 个低电压单体电池充电。多绕组变压器式主动均衡控制简单，但扩展性差，输出电压的一致性难以保证。

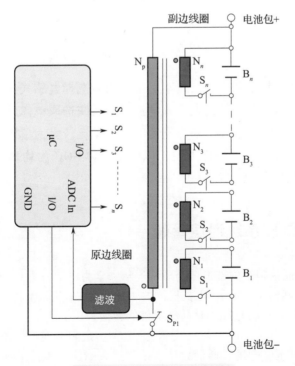

图 2-33　多绕组变压器式均衡

（4）DC/DC 变换器　DC/DC 变换器式主动均衡指利用 DC/DC 变换器来实现串联动力电池组中能量的转移和均衡，其中典型的 DC/DC 变换器包括 Buck 变换器（降压变换器）、Buck/Boost 变换器（降压升压变换器）、Cuk 变换器（直直变换器）等。图 2-34 所示为 Buck/Boost 变换器均衡拓扑结构，每两个单体电池之间形成一个变换器，通过电感储能元件转移单体能量，可以实现相邻单体间单向或双向能量转移，实际上就是一种多电感式的均衡电路模块。DC/DC 变换器式均衡电路的主要问题在于能量只能在相邻单体电池间转移，单体电池较多时，均衡效率大受影响，而且要求控制精度高、元器件多，成本较高。因此在电动汽车这样的大型动力电池组中，DC/DC 变换器均衡模块通常用于电池模组间的均衡，而不是单体电池。

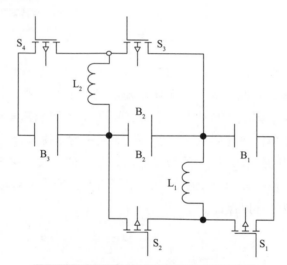

图 2-34　Buck/Boost 变换器均衡拓扑结构

电容式均衡容易引起单体电池电压波动，主动均衡选择电感式或变压器式效果相对较好。对于均衡控制变量的选择，目前大部分电池管理系统选取单体电池工作电压作为均衡依据，技术较为成熟，但放电过程中动力电池电流波动比较大，单体电池电压不稳定，很可能出现误判，影响均衡效果。理论上说，以电池单体 SOC 为均衡变量的均衡效果会更好，但前提是 SOC 得到精确的估算。

五　动力电池管理系统通信管理

动力电池管理系统通信包括内部通信与外部通信。动力电池管理系统外部通信主要为主控模块（BMU）与整车控制器（VCU）、电机控制器（MCU）、车载充电机（OBC）的通信，常采用高速率动力 CAN 总线通信方式。BMU 与充电桩的通信采用低速率 CAN 总线通信。电池系统内部的通信主要为主控模块（BMU）与从控模块（CSC）之间的通信，CSC 将实时检测数据向BMU 上报，如单体过电压欠电压、通信故障、采样线束断路、单体电池温度过高过低等，如图 2-35 所示。

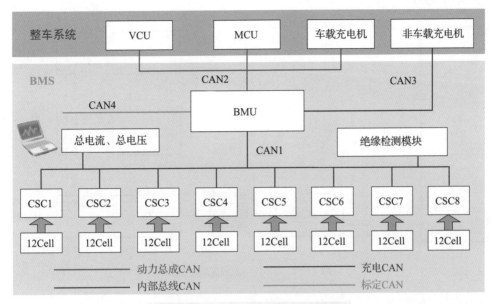

图 2-35 分布式 BMS 通信拓扑结构图

动力电池管理系统的内部通信可分为星形布线和纵向通信两种形式。星形布线如图 2-36 所示，每个电池模组均配有带电气隔离的数据传输线路，采用 CAN 总线。这种系统的主要优点在于通信总线与单体电池完全电隔离。当通信线路和单体电池之间发生短路时，不一定会导致电气元件的破坏。但它需要大量的隔离电路，成本较高。

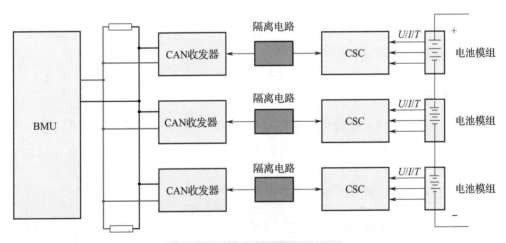

图 2-36 BMS 内部通信星形布线

另一个替代大量隔离电路的通信方式是纵向通信布线，如图 2-37 所示。这种布线形式将所需传输的信息电压和温度等，在堆叠的模块间一层一层向底层转发。最底层的模块再经由隔离电路与主控模块（BMU）通信。单体电压均衡的控制指令按与此相反的方向传输。在这样的系统中数据传输速率是不可忽视的因素。该数据协议由以下几部分组成：地址、所有模块中每个单体的测量值、一个针对串行数据传输的循环冗余校验（CRC）以及该模块编号。

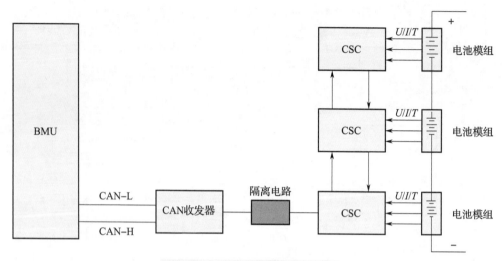

图 2-37　BMS 内部通信纵向布线

　　纵向布线通信数据传输中需保证一定的冗余，以确保电动汽车的应急功能。这可通过一个差分信号来实现。在出现故障的情况下，应能继续进行单边通信。差分数据传输的另一优点是减少了辐射频谱。一般简单的非屏蔽双绞线就能满足总线布线的要求。纵向布线和星形布线一样，故障分析时必须考虑到与高压电极的短路故障。当此故障出现时，不允许出现测量值出错或 CSC 损坏。出于这个原因，通信线路通常设计为容性或通过电感变压器耦合，采取此措施使得应用纵向通信接口丧失其成本优势。

六　项目实施

◈ 实施准备

安全防护：做好车辆安全防护与隔离（车辆挡块、警示隔离带、高压危险警示牌）
工具设备：数字万用表、绝缘检测仪、故障诊断仪
实训车辆：吉利 EV450
辅助资料：汽车原厂维修手册、原厂电路图

任务一　动力电池管理系统认知

EV450 动力电池管理系统概述：

　　吉利 EV450 电动汽车动力电池采用三元锂离子电池，由 10 个 1P6S 电池模组和 7 个 1P5S 电池模组串联形成，共 95 个方形单体电池组成。EV450 动力电池管理系统采用集中式 BMS，BMU 与 CSC 集成一体置于动力电池包中部。BMS 的信息采集系统在每个模组设有两个温度传感器，每个单体电池设有一个电压采集点，在 B-BOX 中设有霍尔电流传感器，如图 2-38 所示。

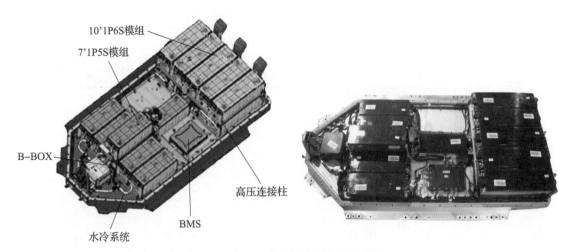

图 2-38　吉利 EV450 动力电池包组成

　　吉利 EV450 动力电池包有两个高压插接器 BV16 和 BV23，分别连接车载充电机和直流充电插座，如图 2-39 所示。

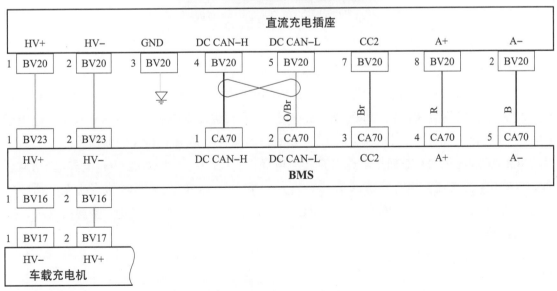

图 2-39　吉利 EV450 动力电池

EV450 动力电池管理系统 BMS 通过两个低压插接器 CA69、CA70 与外部电路连接，如图 2-40 所示。

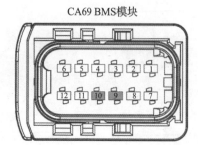

CA69 BMS模块

端子号	端子定义	颜色
1	常电12V	R/L
2	电源地GND	B
3	整车CAN H	Gr/O
4	整车CAN L	L/B
6	Crosh信号	L/R
7	IG2	G/Y
9	快充插座正极柱温度+	W/L
10	快充插座正极柱温度-	G/Y
11	诊断接口CAN H	L/W
12	诊断接口CAN L	Gr

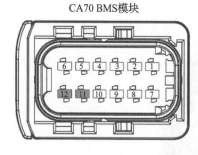

CA70 BMS模块

端子号	端子定义	颜色
1	快充CCAN H	O/L
2	快充CCAN L	O/G
3	快充CC2	Br
4	快充wakeup	R
5	快充wakeup GND	B/R
11	快充插座负极柱温度+	B/Y
12	快充插座负极柱温度-	B/W

图 2-40　吉利 EV450 动力电池低压插接器及其端子

BMS 控制器的 CA69/1 为常电，CA69/7 为 IG2 电，IG2 电由 BCM 控制 IG2 继电器供电，CA69/2 接地。CA69/6 接收来自安全气囊系统的碰撞信号，CA69/3、CA69/4 为动力 CAN 总线，动力 CAN 总线的终端电阻位于 BMS 和 PEU 控制单元内。CA69/9、CA69/10 为直流充电插座正极柱温度传感器信号线，CA69/11、CA69/12 为车身通信 CAN 总线，连接至 OBD 诊断接口。图 2-41 所示为吉利 EV450 动力电池管理系统（BMS）电路图。

BMS 控制器的 CA70 插接器连接直接充电插座，CA70/1、CA70/2 为直流充电 CAN 总线，CA70/3 为直流充电连接确认信号 CC2，CA70/4、CA70/5 为 BMS 给直流充电插座的低压供电线 A+、A-，CA70/11、CA70/12 为直流充电插座负极柱温度传感器信号线，如图 2-42 所示。

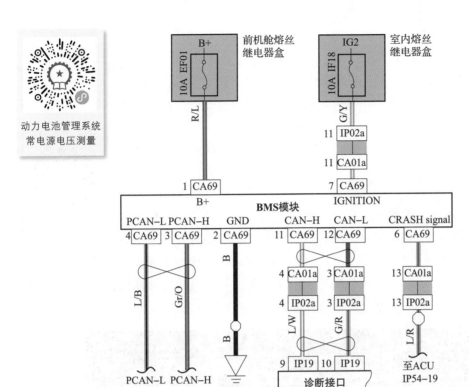

动力电池管理系统
常电源电压测量

动力电池管理系统
接地线路测量

图 2-41 吉利 EV450 动力电池管理系统（BMS）电路图 1

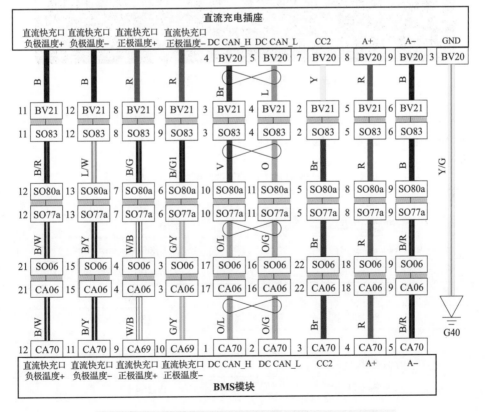

图 2-42 吉利 EV450 动力电池管理系统（BMS）电路图 2

完成以下工作页内容：

1）完成学生工作页背景知识。

2）在工作页填入吉利 EV450 动力电池各部件的名称，并在实车中找出。

3）在工作页填入吉利 EV450 高压、低压插接器的编号，并在表中填入低压插接器各端子的定义。

4）画出吉利 EV450 动力电池管理系统 BMS 电源电路简图。

读取动力电池管理系统状态数据

任务二　动力电池状态监测

EV450 动力电池状态数据概述：

如图 2-43 所示，EV450 动力电池管理系统（BMS）通过仪表实时显示动力电池 SOC 等状态，当点火开关打到 ON 档，仪表动力电池电量低指示灯、动力电池故障指示灯、系统故障指示灯点亮时，可通过故障诊断仪读取动力电池管理系统实时状态数据，对动力电池进行故障诊断。

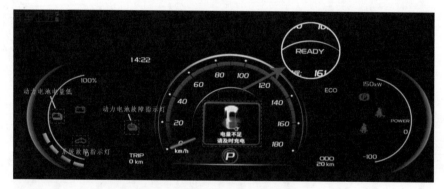

图 2-43　EV450 仪表动力电池状态显示

表 2-2 为 EV450 动力电池管理系统监测状态数据，包括动力电池包电压、母线电压、母线电流、充放电功率、最高最低单体电池电压和温度等。

表 2-2　EV450 动力电池管理系统监测状态数据

描述	正常范围	单位
电池包电压	0~600	V
母线电压	0~600	V
充正继电器外侧电压	0~600	V
母线电流	−500~500	A
10s 充电功率	0~254	kW
30s 充电功率	0~254	kW
10s 放电功率	0~254	kW
30s 放电功率	0~254	kW

（续）

描述	正常范围	单位
快充请求电流	0~500	A
累加和	0~600	V
单体最高温度	−40~125	℃
单体最高温度位置	1~34	—
单体最低温度	−40~125	℃
单体最低温度位置	1~34	—
单体最低温度位置	1~34	—
平均温度	−40~125	℃
单体最低电压	0~5000	mV
单体最低电压位置	1~95	—
单体最高电压	0~5000	mV
单体最高电压位置	1~95	—
最大 SOC	0~100	%
最小 SOC	0~100	%
显示 SOC	0~100	%
健康状态	0~100	%
主回路高压互锁状态	0~3	—
快充回路高压互锁状态	0~3	—
主回路高压互锁外侧电压	0~5000	mV
主回路高压互锁内侧电压	0~5000	mV
快充回路高压互锁外侧电压	0~5000	mV
快充回路高压互锁内侧电压	0~5000	mV
正极绝缘值	0~65534	K
负极绝缘值	0~65534	K
供电电源电压	0~12000	mV
钥匙信号	0~12000	mV
快充唤醒源电压	0~12000	mV
CC2 电压值	0~5000	mV
CRM00 超时标志	0~1	—
CRMAA 超时标志	0~1	—
CTS 或 CML 超时标志	0~1	—
CRO 超时	0~1	—
CCS 超时	0~1	—

（续）

描述	正常范围	单位
接收到 CST（非人工停止）	0~1	—
充电桩最大输出电压	0~750	V
充电桩最小输出电压	0~750	V
CCS 输出电流值	0~500	A
CCS 输出电压值	0~600	V
充电插座温度	−40~125	℃
进水口温度	−40~125	℃
出水口温度	−40~125	℃
BMS 状态	0~15	—
均衡开启状态	0~5	—
热管理开启状态	0~5	—
预约充电开启状态	0~3	—
智能补电开启状态	0~3	—
PCB 最大温度	−40~125	℃
车速	0~200	km/h
总里程	0~1048574	km
强制切断继电器次数	0~255	km/h
电池包累计放电容量	0~740000	A·h
电池包累计充电容量	0~740000	A·h

完成以下工作页内容：

1）查阅维修手册动力电池管理系统故障代码信息，用故障诊断仪读取 BMS 故障码，分析故障的原因和排除方法，填入工作页。

2）用故障诊断仪读取动力电池管理系统（BMS）状态数据流，并对数据进行分析，填入工作页。

任务三 动力电池单体电压过低故障诊断与排除

EV450 动力电池管理系统故障诊断方法：

动力电池管理系统虽然在设计中采取了许多安全、可靠的方案，但并不能做到万无一失。系统在长时间使用中，由于连接导线、元件、器材的材质性能和产品质量的差异，焊接、安装工艺及使用条件，维护保养水平和自然界客观因素影响等，都有可能产生故障或影响正常工作。故障的原因和故障现象虽然繁杂，但可以按照一定的方法对其进行分类，了解常用的检测方法，以便于对电池系统的故障分析和处理。

（1）动力电池管理系统故障分类

1）设计失误故障。设计失误故障指的是设计过程中方案对接未明确、策略细节不严谨等原因，造成电池管理系统不能正常、安全地工作。该类故障一般有一段时间的潜伏期，当出现后需从系统设计角度整体考虑解决方案。

2）电器元件故障。电器元件故障指的是电池管理系统中电器元件因自身质量、使用不当、使用损耗等原因，造成电池停止工作。该类故障一般只需要更换相应的电器元件即可恢复。电器元件包括继电器、熔断器、传感器及其线束等。

3）BMS 硬件故障。BMS 硬件故障指的是 BMS 供电、通信故障或 BMS 主控模块、从控模块硬件损坏等造成的系统数据异常或不工作。BMS 控制模块故障只能更换控制模块总成。

4）BMS 软件故障。BMS 软件故障指的是 BMS 由于程序设计 BUG，导致出现误动作、误报故障、误发数据等一系列问题，造成整个动力电池系统工作紊乱故障，该故障存在较大安全隐患，需对软件进行升级及优化。

5）电池模组故障。电池模组故障指的是电池模组自身批次、质量等其他原因，造成的动力电池系统绝缘不良、单体异常、压差过大、温度异常等一系列故障。该类故障需要更换对应电池模组才能彻底解决。

6）其他故障。该类故障在后期运行过程中较少出现，一般有钣金件锈蚀、高低压线束老化、人为因素等。

（2）动力电电池管理系统故障检测方法

1）直接观察法。包括眼看、耳听、鼻闻、手摸等方式；可以通过最直观的方式判断出电池系统的故障点。

2）拔插法。拔插法的一个作用是，采样线束、通信线束等一些插件接触不良、松动，那么可以将这些插件拔出来后再重新插入，大多数情况下可排除因安装、接触不良引起的系统故障。

3）替换法。替换法是一个比较简单、高效的检测电池系统故障的方法。该方法适用于电器元件的损坏、BMS 硬件的损坏、电池组故障、高低压线束接触不良等，针对现象不明显的故障，直接替换关键零部件，测试判断具体故障原因。如单体数据异常，可通过替换采样线束或相应采样板进行直接判断。

4）比较法。对于一些比较难排除故障的电池系统，为了确定故障部位，可以使用相同车型的另一辆车作比较。当怀疑某些部件有故障时，即可分别测试两辆车的相同测试点。比较法的优点是，能够通过比较确定大概的故障排查方向。

5）程序诊断法。对于一些较难分析故障原因的车辆，可通过相应上位机记录测试数据，或者编写测试程序，以此来分析具体故障点，达到排除故障的目的。

（3）单体电池电压过高故障诊断与排除　充满电后左侧的模组出现单体电池电压偏高的情况。例如，磷酸铁锂电池满电静置后电压在 3.35V 左右，三元电池满电静置后单体电池电压在 3.90V 左右，若出现压差在 30mV 以上就可以判断单体电池电压高故障。

单体电池电压过高原因包括：① CSC 采集信号误差；② CSC 均衡功能差或失效；③电池容量低（俗称电池衰减）充电时模组或单体电压值上升快，特别是车辆在滑行、减速过程中更加明显。

单体电池电压过高处理方法如下：

1）单体电池电压显示值比较其他的单体电池电压值偏高，测量单体电池电压值进行对比。若实际值较显示值低，并且与其他的单体电池电压相同，则以实际的测试值为标准对 CSC 单体电池电压进行校准；若测量值与显示值相同，则人为对电压值偏高的单体电池或电池模组进行放电均衡。

2）检查 CSC 的电压采集样线是否断裂、虚接。

3）更换 CSC 模块。图 2-44 所示为检查单体电池电极及采集线束。

检查电池电极固定螺栓是否牢固

检查电池温度采样、电压采样线束是否断裂、虚接

图 2-44　检查单体电池电极及采集线束

（4）单体电池电压低故障诊断与排除　满电静置后，单体电池低于正常值。单体电池电压低处理方法如下：

1）单体电池电压显示值较其他的单体电池电压值偏低，测量单体电池电压值进行对比。若实际值较显示值高，并且与其他的单体电池电压相同，则以实际的测试值为标准对 CSC 单体电池电压进行校准；若测量值与显示值相同，则人为对电压值偏低的单体电池或电池模组进行充电均衡。

2）检查 CSC 的电压采集线束是否断裂、虚接。

3）更换 CSC 模块。

4）对故障的单体电池或电池模组进行更换。步骤如下：

①作业前准备（场地布置、防护装备检查穿戴、仪器设备检查、汽车防护三件套安装）。

②记录车辆信息。

③确认故障现象，读取故障码和数据流，分析故障范围。

④制定故障检测步骤。

⑤实施故障检测与排除。

⑥活动总结评价。

复习题

1. 选择题

（1）EV450 BMS 每个动力电池模组设有（　　　）个温度传感器。

　　A. 1　　　　　　　　B. 2　　　　　　　　C. 4　　　　　　　　D. 8

（2）EV450 BMS 为（　　　）模式。

　　A. 集中式　　　　　B. 分布式　　　　　　C. 半分布式

（3）BMS 监测动力电池剩余电量的是（　　　）。

　　A. SOC　　　　　　B. SOP　　　　　　　C. SOH　　　　　　D. DOD

（4）BMS 中用来反映动力电池健康状态的是（　　　）。

　　A. SOC　　　　　　B. SOP　　　　　　　C. SOH　　　　　　D. DOD

（5）BMS 中的电池温度传感 NTC 电阻是（　　　）。

　　A. 负温度系数热敏电阻　　　　　　　　B. 正温度系数热敏电阻

　　C. 普通碳膜电阻　　　　　　　　　　　D. 线绕电阻

（6）电池开路电压与（　　　）因素无关。

　　A. 电池正负极材料活性　　　　　　　　B. 电解质

　　C. 温度条件　　　　　　　　　　　　　D. 电池几何结构与尺寸

（7）动力电池包主要是由（　　　）四部分组成。

　　A. 动力电池模组、电池管理系统、动力电池箱、辅助元器件

　　B. 动力电池模块、DC/DC、车载充电机、其他

　　C. 电池管理系统、电池单体、电池模块、高压电线

　　D. 高压控制盒、车载充电机、电池单体、DC/DC

（8）当电动汽车动力电池电量接近（　　　）时，车辆将限速 9km/h。

　　A. 30%　　　　　　B. 20%　　　　　　　C. 10%　　　　　　D. 15%

（9）单体电池电压过高会导致的故障是（　　　）。

　　A. 无法充电　　　　B. 断电保护　　　　　C. 没有影响　　　　D. 都有可能

（10）EV450 BMS 的 CA69/7 由（　　　）控制 IG2 继电器供电。

　　A. BMS　　　　　　B. VCU　　　　　　　C. BCM　　　　　　D. OBC

2. 简答题

（1）对比动力电池管理系统不同 SOC 估算方法。

SOC 估算方法	方法描述	优点	缺点
开路电压法			
容量积分法			

（续）

SOC 估算方法	方法描述	优点	缺点
电池内阻法			
卡尔曼滤波法			

（2）画出桥式电阻法检测高压母线对地绝缘阻值电路图并简述其检测方法。

（3）简述图中高压继电器开路与粘连的检测方法。

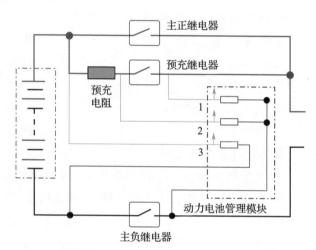

（4）画出 EV450 BMS 电路简图，简述 BMS 的工作原理。

项目三　动力电池管理系统控制器检修

新能源汽车动力电
池及管理系统检修

项目导入

　　一辆 2018 款吉利帝豪 EV450 电动汽车出现无法上电、无法充电的故障现象。

　　你知道动力电池管理系统的上下电、充电控制策略？你知道动力电池管理系统常见故障诊断与排除流程吗？请你对动力电池管理系统控制器电源故障、通信故障和碰撞信号故障进行诊断与排除。

教学目标

知识目标

1）掌握动力电池管理系统功用、组成与工作原理。

2）掌握动力电池管理系统上下电、充电控制策略。

3）掌握动力电池管理系统控制器常见故障及检修流程。

能力目标

1）能正确认知动力电池管理系统组成与控制策略。

2）能正确对动力电池管理系统电源、通信和碰撞信号电路进行检修。

3）能正确对动力电池管理系统控制器常见故障进行诊断与排除。

一　动力电池管理系统组成与常见故障分析

动力电池系统由动力电池、动力电池管理系统、动力电池箱、辅助元器件组成，其中动力电池管理系统（BMS）是动力电池系统的核心，也是电动汽车中非常重要的一个电气控制子系统，负责对动力电池进行监测、安全保护和运行管理，确保电动汽车的安全行驶，提高动力电池的性能与寿命。

BMS 作为一个为管理动力电池而设计的电子控制系统，由传感器、控制器和执行元件组成。如图 3-1 所示，BMS 主要的传感器包括电池温度传感器、冷却液温度传感器、电流传感器、电压检测模块、高压互锁监测模块（部分车型与 VCU 集成）、绝缘监测模块等，主要的执行元件包括高压继电器、均衡控制电路、热管理系统的电子水泵和温控阀等。

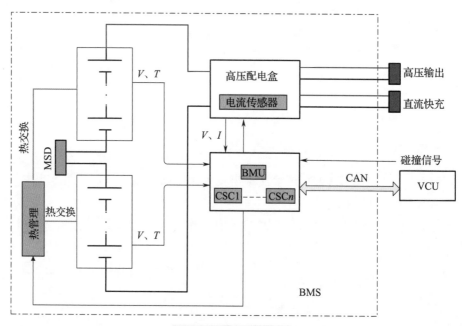

图 3-1　BMS 的组成

动力电池管理系统通过传感器及监测模块对动力电池状态进行监测、运算分析，按一定的控制策略对动力电池进行能量控制、均衡控制、故障自诊断等，并与整车控制器（VCU）、车载充电机（OBC）、仪表等进行交互。动力电池管理系统的各组成部件故障可导致电动汽车无法上电、无法充电等故障。动力电池管理系统常见故障主要包括：CAN 总线通信故障、BMS 控制器自身故障、单体电池电压采集异常、温度采集异常、电流采集异常、高压绝缘故障、总电压检测故障、高压互锁故障等。动力电池管理系统常见故障原因分析如下。

1. CAN 总线通信故障

如图 3-2 所示，吉利 EV450 中 BMS 通过动力 CAN 总线与 VCU、OBC 等通信，通过直流快充 CAN 与直流充电桩进行通信。CAN 总线通信故障将导致电动汽车无法上电、无法充电故障。CAN 总线通信故障常见原因如下：

1）CAN 总线对地、对电源短路或 CAN 总线断路、端子退针、虚接等。在保证 BMS

供电电源正常的状态下，可用万用表检查 CAN 总线线路是否导通，是否对地或对电源短路，必要时用示波器检测 CAN-H、CAN-L 信号波形判断 CAN 总线是否正常。

2）CAN 网络故障。

3）BMS 控制器自身故障。

2. BMS 控制器不能正常工作

BMS 控制器不工作将导致 CAN 总线无法通信、车辆无法上电、无法充电故障。BMS 控制不工作的主要原因如下：

1）BMS 的低压供电电源不正常。应检查低压电源电压是否有 +12V 电压，供电线路熔丝是否熔断。

2）检查 BMS 插接器连接是否牢靠，是否存在接插件退针或虚接等情况。

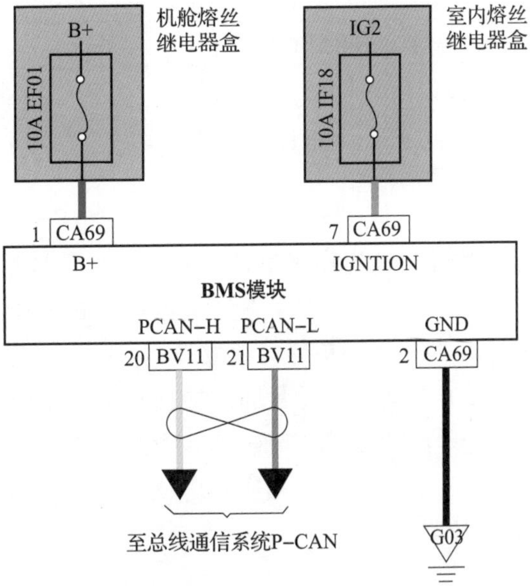

图 3-2　吉利 EV450 BMS 动力 CAN 总线

3）检查 BMS 的供电线路是否存在断路、对地短路、虚接。

4）BMS 控制器自身故障，在分布式 BMS 中，也可能是从控模块 CSC 故障。

3. 电压采集异常

BMS 通过 CSC 采集单体电池电压，单体电池电压过高或过低均会触发 BMS 报警，并实施断电、降低电流、限定功率等措施，见表 3-1（以三元锂离子电池为例），BMS 监测到单体电池电压异常时所采取的措施。

表 3-1　单体电池电压过高或过低警报及措施

序号	名称	电池工作状态	警报	措施
1	动力电池电压	放电状态	单节电池电压过低严重报警 < 3V	1）大功率设备（主电机、空调压缩机和 PTC）停止放电 2）延迟一定时间切断主接触器，断开负极接触器 3）仪表灯亮 4）仪表显示报警信息
2			单节电池电压过低一般报警 3~3.4V	1）大功率设备（电机、空调压缩机和 PTC）降低当前电流，限功率工作 2）仪表显示报警信息 3）电压低于一定值时，SOC 修正为 0
3		充电状态	单节电池电压过高一般报警 4.1~4.25V	1）禁止动力电池进行充电 2）仪表显示报警信息 3）电压达到一定值时，SOC 修正为 100 4）电机能量回馈禁止

（续）

序号	名称	电池工作状态	警报	措施
4	动力电池电压	充电状态	单节电池电压过高严重报警 > 4.25V	1）延迟一定时间，断开充电接触器，断开负极接触器，禁止充电 2）仪表灯亮 3）仪表显示报警信息

单体电池电压采集异常的可能原因如下：

1）单体电池本身存在欠电压或过电压。可将监控电压值与万用表实际测量的电压值对比，若一致则单体电池故障。

2）采集线端子紧固螺栓松动或采集线与端子接触不良。螺栓松动或端子接触不良会导致单体电压采集不准，此时轻摇采集端子，确认接触不良后，紧固或更换采集线。

3）若采集电压与实际电压不一致，电压采集从控模块 CSC 故障，集中式 BMS 则为 BMS 控制器故障。

4. 温度采集异常

BMS 通过 CSC 采集动力电池温度，动力电池模组温度过高会导致无法充电、限定电流、限定功率等，温度过低会导致限流、限定功率充电等，见表 3-2。

表 3-2　电池温度过高或过低警报及措施

序号	名称	电池工作状态	警报	措施
1	动力电池温度	充放电状态下	电池组过热严重报警 >55℃	1）充电设备关断充电，直到清除报警 2）大功率设备（驱动电机、空调压缩机和 PTC）停止用电 3）延迟一定时间切断主接触器、负极接触器 4）仪表灯亮 5）仪表显示报警信息
2			电池组过热一般报警 45~55℃	1）充电设备降低当前充电电流 2）大功率设备（驱动电机、空调压缩机和 PTC）降低当前电流 3）仪表显示报警信息
3			电池组低温一般报警 −5~0℃	1）限功率充电 2）仪表显示报警信息
4			电池组严重低温报警 −10~−5℃	1）限功率充电 2）仪表显示报警信息

动力电池温度采集异常的主要原因如下：

1）温度传感器故障。

2）温度传感器线路故障。

3）CSC 从控模块或 BMS 控制器自身故障。

对于动力电池采集温度故障，首先通过诊断仪读取故障码，看 BMS 是否记录了相关电池温度的故障码；其次可通过诊断仪读取动力电池温度状态数据，若动力电池温度异常，则需拆解动力电池模组，测量异常的温度传感器阻值是否与标准值一致，如果不一致，判断温度传感器故障，更换温度传感器。若一致，检查温度传感器线路，若线路正常，可判断温度采集 CSC 从控模块故障或 BMS 控制器自身故障。

5. 绝缘故障

发生绝缘故障时，动力电池管理系统 BMS 按漏电等级采取限定功率、下电等相应的措施，见表 3-3。动力电池绝缘故障的主要原因如下：

表 3-3　动力电池绝缘故障警报及措施

序号	名称	电池工作状态	警报	触发条件	措施
1	碰撞保护		碰撞故障	接收碰撞信号	立即断开主接触器、分压接触器
2	动力电池漏电	充放电状态下	正常	$R > 500\,\Omega/V$	
3			一般漏电报警	$100\,\Omega/V < R \leqslant 500\,\Omega/V$	仪表灯亮，报动力系统故障
4			严重漏电报警	$R \leqslant 100\,\Omega/V$	行车中：仪表灯亮，立即断开主接触器、分压接触器 停车中： 1）禁止上电 2）仪表灯亮，报动力系统故障 充电中： 1）断开交流充电接触器、分压接触器 2）仪表灯亮，报动力系统故障

1）高压器件漏电。

2）高压线路或连接器破损。

3）电池箱进水或电池漏液。

4）绝缘检测线路故障。

5）BMS 控制器故障，绝缘误报。

排除绝缘故障时，需要利用绝缘检测仪分别测量动力电池高压器件与车身之间的绝缘阻值，绝缘阻值应大于 20MΩ。如果绝缘阻值低于标准值，根据情况进行维修或者更换。也可以采用隔离法诊断此类故障，首先将高压互锁信号线人为短接，保证高压插头断开情况下，动力系统的高压还能正常输出，然后分别断开相关的高压线路和高压器件，用绝缘检测仪或通过读故障码、数据流看漏电警报是否消除，说明断开的高压线路或高压器件存在漏电故障。

6. 总电压检测故障

1）总电压检测与动力电池母线实际输出电压不一致可能的原因：采集线与端子间松动或脱落，高压插接器松动，维修开关连接不牢靠等。检查总压采集线检测线路，发现连接不可靠，进行紧固或更换。检查高压回路是否存在连接不良、绝缘故障。

2）BMS 控制器自身故障：对比实际总压与 BMS 监控总压不一致，检测线路正常情况下，BMS 控制器故障。

7. 电流显示异常

动力电池管理系统（BMS）监测动力电池总电池，当动力电池出现过流时，BMS 将采取限流、限定功率、下电、停止充电等措施，见表 3-4。动力电池管理系统电流显示异常的主要故障原因如下：

表 3-4　动力电池管理系统过流警报及措施

序号	名称	电池工作状态	警报	措施
1	动力电池	电池放电电流	过流报警	1）要求大功率用电设备（电机、空调压缩机和 PTC）降低电流，限功率工作 2）如果在过流报警发出后，电流依然在过流状态并持续 10s，断开主接触器，禁止放电
2		电池充电电流		电流在过流状态持续 10s，断开充电接触器，禁止充电
3		回馈充电电流		1）要求电机控制器限制回馈充电电流 2）如果发出过流报警后，电流依然处于过流状态并持续 0s，断开主接触器

1）电流采集线未正确连接。此时会导致电流正负颠倒，更换即可。

2）电流采集线连接不可靠。首先确定高压回路有稳定电流，而当监控电流波动较大时，检查分流器两端电流采集线，发现螺栓松动应立即进行紧固。

3）检测端子表面氧化情况。首先确定高压回路有稳定电流，当监控电流远低于实际电流时，检测端子或螺栓表面是否有氧化层，有则对其表面进行处理。

4）BMS 控制器自身故障。

二　动力电池管理系统能量控制策略

动力电池管理系统能量控制策略主要包括上下电控制策略、充电控制策略、均衡控制策略等。电动汽车采用高压动力电池作为动力源，高压上电是电动汽车驱动系统连接动力电池，做好行驶准备的前提条件。高压上电是指电动汽车接收驾驶员上电指令，动力电池管理系统（BMS）按控制策略，在满足上电条件的情况下，控制动力电池预充继电器完成预充，主正继电器、主负继电器闭合，动力电池给高压电气部件供电的过程。高压下电指电动汽车接收驾驶员下电指令或出现不满足上电条件的情况，BMS 控制动力电池主正、主负接触器断开，动力电池停止给高压电气部件供电。充电控制指 BMS 与 OBC、直流充电桩等进行交互，控制预充继电器完成预充，主正、主负继电器或直流充电继电闭合，充电设备给动力电池充电的过程，并在充电过程中监测充电状态控制充电电流等。

1. 比亚迪 E5 电动汽车上下电控制策略

（1）比亚迪 E5 高压系统组成与工作原理　比亚迪 E5 电动汽车高压系统包括动力电池包、高压电控总成、PTC、压缩机、驱动电机和交直流充电插座，其高压电气连接如图 3-3 所示。其中高压电控总成集成双向交流逆变式电机控制器（VTOG）、车载充电机（OBC）、DC/DC 变换器和高压配电模块、漏电传感器。动力电池包内包含分压接触器 2、3，正极接触器 1 和负极接触器 4。高压配电模块内包括主接触器 7、交流充电接触器 8、预充接触器 9、直流充电正极接触器 5 和直流充电负极接触器 6。

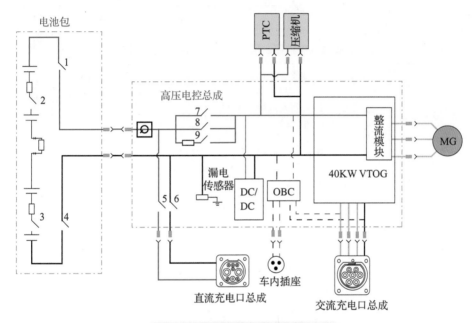

图 3-3　比亚迪 E5 高压电气连接图

1—正极接触器　2—电池包分压接触器 1　3—电池包分压接触器 2　4—负极接触器
5—直流充电正极接触器　6—直流充电负极接触器　7—主接触器　8—交流充电接触器　9—预充接触器

比亚迪 E5 电动汽车采用分布式电池管理系统（BMS），由电池管理控制器（BMC）、电池信息采集器（BIC）、电池采样线组成。BMS 的主要功能有充放电管理、接触器控制、功率控制、电池异常状态报警和保护、SOC/SOH 计算、自检以及通信功能等；电池信息采集器 BIC 的主要功能有电池电压采样、温度采样、电池均衡、采样线异常检测。动力电池采样线的主要功能是连接采集点和电池信息采集器，传送采集数据。电池管理系统 BMS 工作原理如图 3-4 所示。

BMS 控制器安装于车辆前机

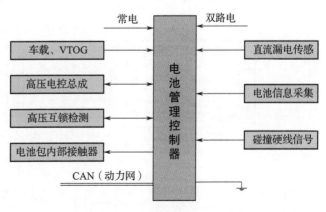

图 3-4　比亚迪 E5 动力电池管理系统（BMS）工作原理

舱，高压电控总成的后面。BMS 控制器有三个插接器，如图 3-5 所示，编号分别为 BK45（A）、BK45（B）、BK45（C）。插接器 BK45（A）与高压电控总成 B28（B）连接，对高压配电盒电流、漏电、烧结进行监测，通过拉低信号控制主接触器、主预充接触器和交流充电接触器。BK45（C）与动力电池包 BK51 连接，控制动力电池包内的 1 号分压接触器、2 号分压接触器、正极接触器和负极触器。电池管理系统控制器（BMS）的插接器端子见表 3-5。

表 3-5　电池管理系统控制器（BMS）的插接器端子

连接端子	端子描述	线色	条件	正常值
BK45（A）/9-GND	主接触器拉低控制信号	Br	整车上高压电	小于 1V
BK45（A）/17-GND	主预充接触器拉低控制信号	W/L	预充过程中	小于 1V
BK45（A）/33-GND	直流充电正、负极接触器拉低控制信号	Gr		小于 1V
BK45（A）/34-GND	交流充电接触器控制信号	G/W	始终	小于 1V
BK45（C）/3-GND	1 号分压接触器拉低控制信号	G/B		小于 1V
BK45（C）/4-GND	2 号分压接触器拉低控制信号	Y/B		小于 1V
BK45（C）/10-GND	负极接触器拉低控制信号	L/B	接触器吸合时	小于 1V
BK45（C）/11-GND	正极接触器拉低控制信号	R/G	接触器吸合时	小于 1V
BK45（C）/14-GND	1 号分压接触器 12V 电源	G/R	ON 档 /OK 档 / 充电	9~16V
BK45（C）/15-GND	2 号分压接触器 12V 电源	L/R	ON 档 /OK 档 / 充电	9~16V
BK45（C）/20-GND	负极接触器 12V 电源	Y/W	ON 档 /OK 档 / 充电	9~16V
BK45（C）/21-GND	正极接触器 12V 电源	R/W	ON 档 /OK 档 / 充电	9~16V
BK45（C）/1-GND	12VDC 电源正	R/B	电源 ON 档 / 充电	11~14V

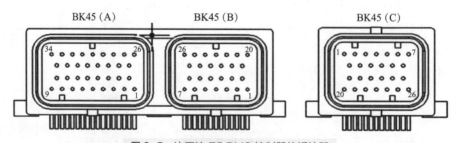

图 3-5　比亚迪 E5 BMS 控制器的插接器

图 3-6、图 3-7 是比亚迪 E5 电池管理系统电路图。

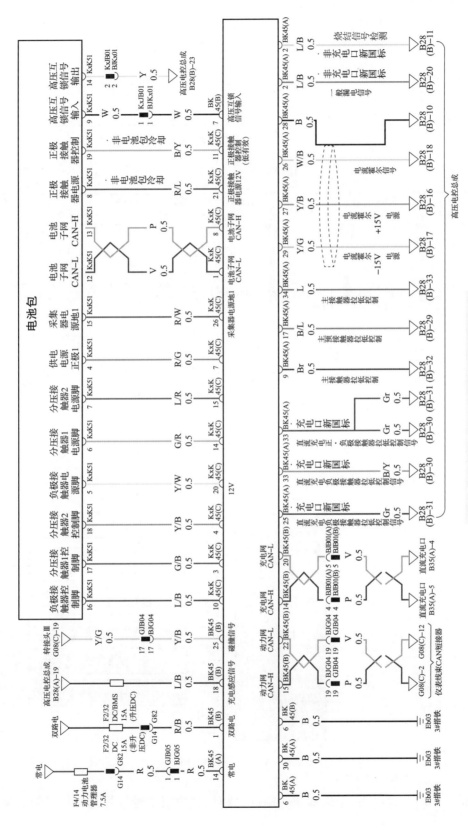

图 3-6　比亚迪 E5 电池管理控制器电路图 1

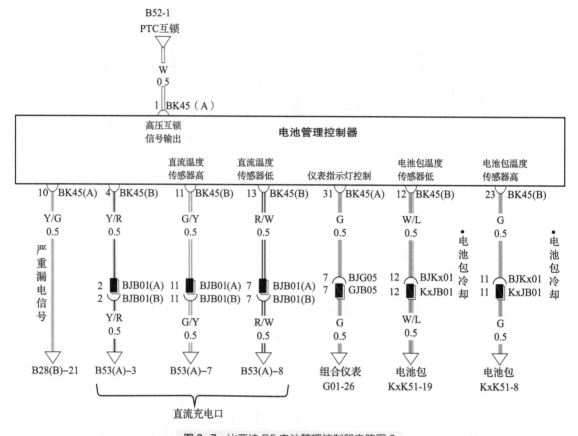

图 3-7　比亚迪 E5 电池管理控制器电路图 2

图 3-8 是比亚迪 E5 电机控制器 VTOG 的控制原理图，它的主要功能如下：

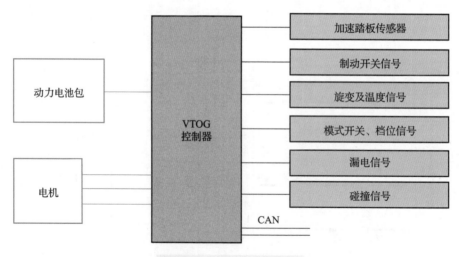

图 3-8　VTOG 控制原理图

1）驱动控制（放电）：采集加速、制动、档位、旋变信号等控制电机正向、反向驱动，正、反转发电功能；具有高压输出电压和电流控制限制功能，具有电压跌落、过电流、过电温、IPM过热、IGBT过热保护、功率限制、转矩控制限制等功能；同时具备电控系统防盗、能量回馈控制、主动泄放、被动泄放控制。

2）充电控制：交、直流转换，双向充、放电控制功能；自动识别单相、三相相序并根据充电电流控制充电方式，根据充电设备识别充电功率，控制充电方式；根据车辆或其他设备请求信号控制车辆对外放电；断电重启功能；在电网断电，又供电的时候，可继续充电功能。

（2）比亚迪E5上电控制策略

1）当智能钥匙系统控制器（I-Key ECU）的高频接收模块和探测天线探测到电子智能钥匙，并完成验证。通过网关动力网向铁电池管理器（低压电池BMS）发送唤醒信号，低压铁电池自检无故障，被唤醒，向车身控制模块（BCM）供电，BCM发送解锁信号让方向盘解锁，同时控制门锁电机打开。

注：铁电池管理器有电压、电流和温度监测功能，存在异常状态会触发故障报警功能，当铁电池故障报警时，仪表上铁电池故障指示灯点亮，同时显示"请检查低压电池系统"。车辆拥有智能充电模式，当铁电池检测到电量偏低时，在安全条件满足的情况下，通过动力电池给铁电池充电。铁电池具有休眠、唤醒功能，当车辆长期存放后，铁电池可能已进入休眠状态，智能钥匙将无法实现遥控寻车及车辆解锁功能，此时只需将智能钥匙靠近左前车门附近，按下左前门把手的微动开关，即会唤醒低压蓄电池。

2）按下启动按钮的ACC/ON档开关，启动开关向BCM的G2R/26端子发送一个低电平启动信号，BCM控制ACC、IG1继电器闭合给相应系统供电。

3）按下启动按钮ST档（上电），BCM通过G2P/5、G2P/13端子驱动双路电继电器K4-1、KG-1闭合，向BMS、VTOG、网关、主控制器、组合仪表等控制系统供电，表3-6为双路电供电分配。

表3-6 比亚迪E5双路电供电

位置	规格	定义	负载	备注
F2/2	7.5A	VTOG	VTOG	常电
F2/4	20A	IG3电	VTOG	双路电
F2/32	15A	DC/BMS	DC/BMS	双路电
F2/33	10A	高压配电箱	高压配电箱	双路电
F2/34	10A	模块IG3	主控ECU 电子水泵 无级风扇	双路电

4）BMS、VTOG等自检无故障，符合上电条件，BMS控制1号分压接触器、2号分压接触器、负极接触器闭合，然后向高压电控总成控制器发送请求，启动预充程序。

5）BMS通过拉低信号控制动力电池包内的正极接触器闭合，然后控制预充接触器闭合，高压电经过预充接触器串联的限流电阻后加载到高压电控总成母线上，当高压电控总成检测到母线上的电压与电池包电压相差在 50V 以内时，通过 CAN 总线向 BMS 反馈一个预充满信号，BMS 收到预充满信号后控制主接触器吸合，断开预充接触器。通过 CAN 总线控制仪表 OK 灯点亮，完成上电过程。

（3）比亚迪 E5 下电控制策略　上电状态下，BMS、高压电控总成及其他的高压用电设备监测到漏电、碰撞、高压互锁等故障时，BMS 控制主接触器、正极接触器、负极接触器和分压接触器断开，电动汽车下电。当驾驶员再次按下启动按钮（OFF 档）下电时，BCM 请求 BMS 下电，BMS 控制主接触器、正极接触器、负极接触器和分压接触器断开，电动汽车下电。

2. 吉利 EV450 BMS 上下电控制策略

（1）吉利 EV450 高压系统组成与工作原理　吉利 EV450 电动汽车的高压电气系统架构如图 3-9 所示，包括动力电池包、车载充电机及分线盒总成、压缩机、PTC、电机控制器总成、驱动电机和交直流充电插座。高压分配单元（B-BOX）集成于动力电池包内，由主正接触器、负极接触器、主预充接触器、预充电阻、直流充电预充接触器、直流充电预充电阻和直流充电正极接触器组成。高压分配单元（B-BOX）内所有接触器均由动力电池管理系统 BMS 控制，根据整车上电、交流充电、直流充电等不同工作状态需求，吸合相应的接触器，进行高压电源管理。

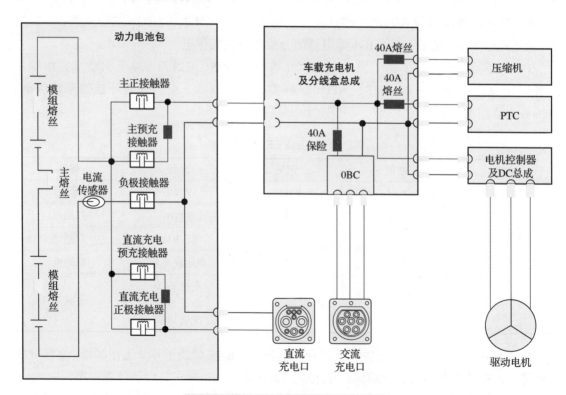

图 3-9　吉利 EV450 高压电气系统架构

吉利 EV450 动力电池管理系统 BMS 采用集中式结构，动力电池控制单元（BMU）和动力电池信息采集模块（CSC）集成一体。集成一体的 BMS 控制器安装于动力电池包内部，是电池管理系统核心部件，BMS 控制将单体电压、电流、温度及整车绝缘等信号上报整车控制器（VCU）并根据 VCU 指令完成对动力电池的控制。

动力电池管理系统 BMS 控制器的低压插接器为 CA69 和 CA70，如图 3-10 和表 3-7 所示。

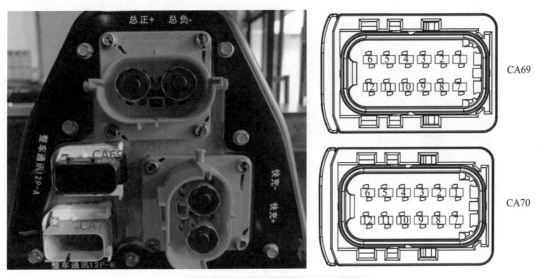

图 3-10　吉利 EV450 BMS 插接器

表 3-7　吉利 EV450 BMS 插接器的端子定义

CA69 端子号	端子定义	颜色	CA70 端子号	端子定义	颜色
1	常电 12V	R/L	1	快充 CCAN H	O/L
2	电源地 GND	B	2	快充 CCAN L	O/G
3	整车 CAN H	Gr/O	3	快充 CC2	Br
4	整车 CAN L	L/B	4	快充 wakeup	R
6	Crosh 信号	L/R	5	快充 wakeup GND	B/R
7	IG2	G/Y	11	快充插座负极柱温度 +	B/Y
9	快充插座正极柱温度 +	W/L	12	快充插座负极柱温度 −	B/W
10	快充插座正极柱温度 −	G/Y			
11	诊断接口 CAN H	L/W			
12	诊断接口 CAN L	Gr			

（2）吉利 EV450 上电过程　吉利 EV450 上下电控制涉及整车控制器（VCU）、动力

电池管理系统（BMS）、电机控制器（PEU）、车身管理控制器（BCM）、减速机控制器（TCU）、安全气囊控制器（ACU）、高压配电盒（B-BOX）、驱动电机、制动开关、档位开关等，如图3-11所示。

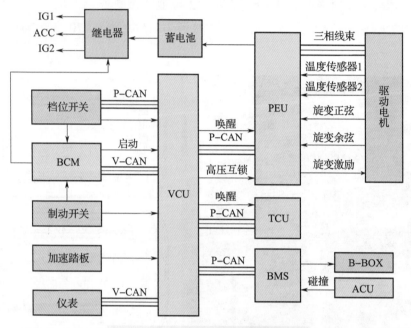

图3-11　吉利EV450上电控制原理图

1）吉利EV450采用无钥匙进入与启动系统，车身控制模块BCM检测周围遥控器（UID）的有效性，遥控器发出信号回应车辆，BCM控制解锁转向柱电子锁（ESCL），此时BCM通过CAN网络系统与动力系统进行信息认证。当驾驶员将一键启动开关置于ACC档，BCM通过IP23/32端子控制ACC继电器IR03闭合，给ACC用电设备供电。当驾驶将启动开关置于ON档，BCM通过IP23/15、IP23/31控制IG1、IG2继电器闭合，IG1给VCU供电，IG2给BMS、PEU等电控单元供电，VCU、BMS、PEU等进行自检，无故障进入下一步。

2）当驾驶员踩下制动踏板，按下启动开关（ST档），请求上电。BCM发送启动信号给VCU，VCU通过动力CAN（PCAN）检测是否满足上电条件，包括制动开关信号、档位开关信号、高压互锁信号、旋变传感器正弦信号、旋变传感器激励信号、温度传感器信号、碰撞信号、动力电池电流电压、整车漏电信号等是否正常。

3）满足上电条件的情况下，VCU通过动力CAN唤醒BMS，BMS控制负极接触器先闭合，然后启动预充程序，先闭合预充主预充继电器，串联预充电阻向车载充电机及分线盒总成输出高压电。BMS监测输出母线电压，当输出母线电压与动力电池电压相差小于50V，控制主正接触器闭合，断开主预充接触器，完成上电过程。

4）完成上电后，VCU通过VCAN总线点亮仪表"READY"指示灯。同时VCU向PEU发送指令，指示电机使能信息、电机模式信息（再生制动、正向驱动、反向驱动）以及相应模式下的电机转矩；PEU 向 VCU 上报电机和控制器的各种参数及故障报警信息，主要参数包括电机转速、电机转矩、电机电压和电流，车辆进入行驶准备状态。

（3）吉利 EV450 下电过程　上电状态下，BMS、VCU、PEU 等监测到漏电、碰撞、高压互锁、旋变传感器等故障信号时，然后让 BMS 控制主正接触器、负极接触器和分压接触器断开，电动汽车下电。当驾驶员再次按下启动按钮下电时，BCM 向 VCU 请求下电，VCU 通过 PCAN 总线让 PEU 切断驱动电机驱动电源，然后通过 PCAN 发送指令给 BMS，BMS 控制主正接触器、负极接触器断开，电动汽车下电。

3. 吉利 EV450 BMS 充电控制策略

吉利 EV450 的主正接触器、负极接触器、主预充接触器、直流预充接触器、直流充电正极接触器都是由动力电池管理系统 BMS 来控制。EV450 充电控制策略如图 3-12 所示。

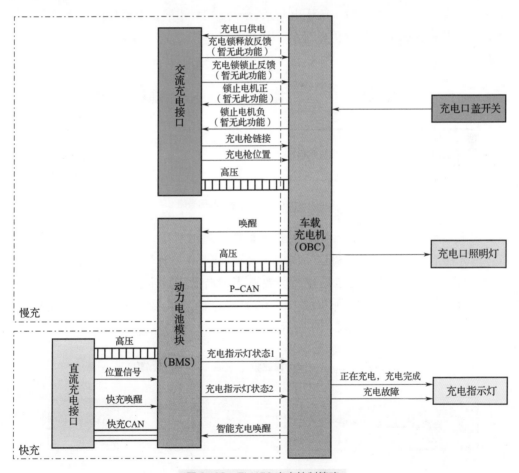

图 3-12　EV450 充电控制策略

（1）直流快充　当直流充电枪连接到整车直流充电口时，直流充电设备通过 A+、A-快充唤醒信号唤醒动力电池管理系统（BMS）。BMS 通过 CC2 连接确认信号与直流充电枪完成握手，BMS 根据动力电池可充电功率，通过充电 CAN 总线与直流充电桩交互，向直流充电桩发送充电电流指令。同时，BMS 控制高压配电盒 B-BOX 中的负极接触器闭合，直流预充接触器闭合，完成预充后控制直流充电正极接触器闭合，直流充电桩向动力电池充电。充电时间：48min 可充电 80%。

（2）交流慢充　当车辆处于交流慢充模式，交流慢充充电枪插入慢充接口时，交流慢充充电装置通过 CC、CP 与车载充电机（OBC）完成握手，当确定连接正常后，交流慢充供电装置控制继电器闭合，向车载充电机输入 220V 的交流电。接着车载充电机（OBC）唤醒动力电池管理系统（BMS），并发送指令充电。BMS 闭合负极接触器、主预充接触器，完成预充后，控制主正接触器闭合，车载充电机给动力电池充电。动力电池管理系统监测动力电池状态的变化，控制车载充电机输出电流的大小。当 BMS 监测到动力电池充满或交流慢充供电装置异常时，控制主正接触器、负极接触器断开，同时控制交流供电装置停止输出交流电。

（3）低压充电　高压上电前，低压电路系统依赖 12V 铅酸蓄电池供电，当高压上电后，电机控制器（集成 DC/DC）将动力电池的高压直流电转换成低压直流电为 12V 铅酸蓄电池充电，如图 3-13 所示。

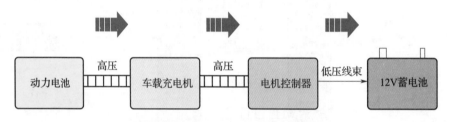

图 3-13　EV450 低压充电控制策略

（4）智能充电　长期停放的车辆容易造成低压蓄电池亏电，当低压蓄电池严重亏电将会导致车辆无法启动上电。为避免这一问题，吉利 EV450 具有智能充电功能。车辆停放过程中 VCU 将持续对电源蓄电池电压进行监控，当电压低于设定值时，VCU 将唤醒 BMS，同时 VCU 也将控制电机控制器（集成 DC/DC）通过 DC/DC 变换器对低压蓄电池进行充电，防止低压蓄电池亏电，如图 3-14 所示。

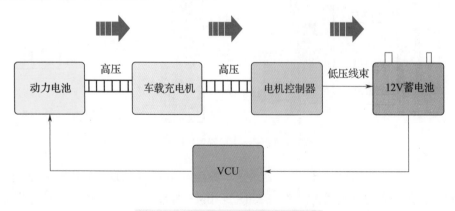

图 3-14　EV450 智能充电控制策略

三 EV450 动力电池管理系统电路分析

吉利 EV450 动力电池管理系统（BMS）采用集中式布局，BMS 控制器集成主控模块（BMU）、从控模块（CSC）、绝缘监测模块、电流监测模块等，与高压配电盒 B-BOX 共同安装在动力电池箱内。BMS 控制器通过两个低压插接器 CA69、CA70 与外部电路连接，如图 3-15、图 3-16 所示。

（1）BMS 电源 从图 3-15 可以看出，BMS 控制器的电源电路有两路。一路由低压蓄电池通过 EF01（10A）熔丝给 CA69/1 端子供电，此为常电；另一路是 IG2 电源，是BMS 控制器的唤醒电源。为了节约电能，当动力电池在一定时间内不接收不到任何操作信息时，将进入休眠状态，若想唤醒 BMS 控制器，当把点火开关打到 ON 档或接收到充电唤醒信号时，车身控制器 BCM 控制前机舱熔丝继电器盒中的 IG2 继电器闭合，通过IF18（10A）熔丝给 CA69/7 端子给 BMS 控制器供电，唤醒 BMS。常电与唤醒电源均通过CA69/2 端子接地形成回路。

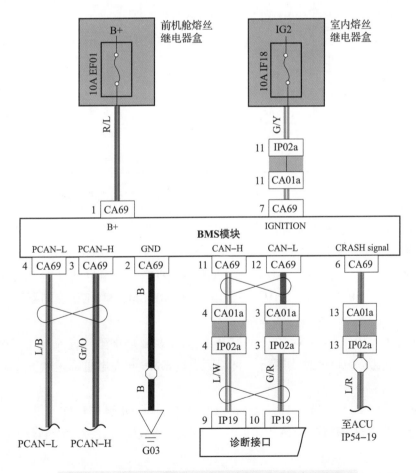

图 3-15 吉利 EV450 动力电池管理系统（BMS）电路图 1

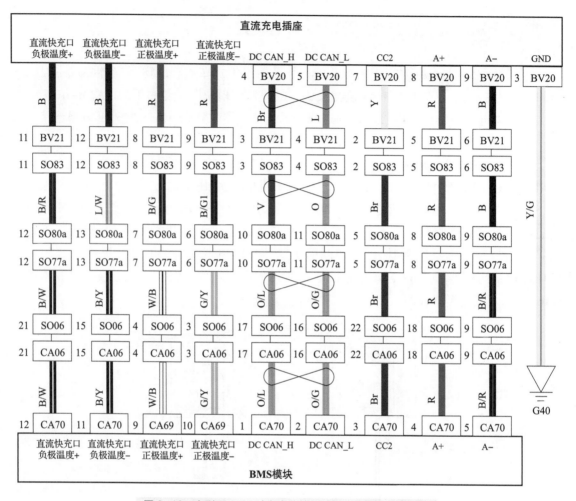

图 3-16　吉利 EV450 动力电池管理系统（BMS）电路图 2

（2）CAN 总线　BMS 连接有三路 CAN 总线，分别是动力 CAN 总线、快充 CAN 总线和诊断接口通信 CAN 总线。BMS 通过 CA69/3（CAN-H）、CA69/4（CAN-L）与 VCU、电机控制器（PEU）、车载充电机（OBC）、减速器（TCU）等组成的动力 CAN 网络，动力 CAN 网的传输速度 500kbit/s，120Ω 终端电阻分别在 BMS 和 PEU 控制器内，如图 3-17 所示。

BMS 通过 CA70/1（CAN-H）、CA70/2（CAN-L）分别与直流充电插座 BV20/4、BV20/5 连接构成快充 CAN 总线网络，直流充电时 BMS 与充电桩通过快充 CAN 总线进行通信。

BMS 通过 CA69/11（CAN-H）、CA69/12（CAN-L）分别与 OBD 诊断接口的 IP19/9、IP19/10 连接，实现 OBD 诊断 CAN 通信，该通信线路故障时，故障诊断仪与 BMS 控制器无法通信。

（3）碰撞信号线　BMS 通过 CA69/6 与安全气囊 ACU 的 IP54/19 相连，监测车辆发生碰撞时，安全气囊 ACU 传送过来的硬线碰撞信号（PWM 信号）。

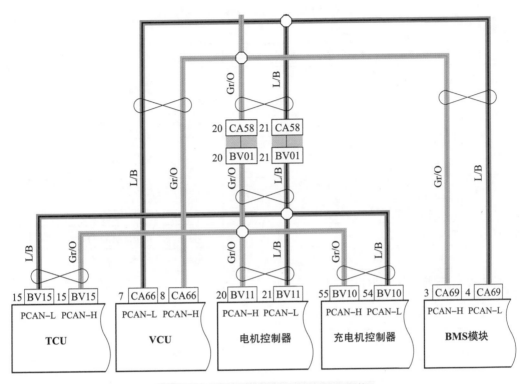

图 3-17　BMS 控制器连接动力 CAN 网络

（4）直流快充唤醒电源信号　BMS 通过 CA70/4（A+）、CA70/5（A-）分别与直流充电插座 BV20/8、BV20/9 连接，直流充电枪插入直流充电插座时，给 BMS 提供 12V 的工作电压，唤醒 BMS 控制器。

（5）CC2 直流快充连接确认信号线　BMS 通过 CA70/3 与直流充电插座 BV20/7 相连，BMS 控制器通过该信号监测直流充电枪是否连接到车辆直流充电插座上。

（6）直流快充口温度传感器信号　直流充电插座上有两个温度传感器，分别是直流充电口正极温度传感器和负极温度传感器，用于监测直流快充时，充电器正、负极的温度。正极温度传感器由 BMS 的 CA69/9、CA69/10 与直流充电插座 BV21/8、BV21/9 相连。负极温度传感器由 BMS 的 CA70/11、CA70/12 与直流充电插座 BV21/12、BV21/11 相连。

四　EV450 动力电池管理系统控制器故障诊断的一般流程

动力电池管理系统（BMS）控制器故障可能会导致的无法上电、无法充电之类的故障，BMS 控制器故障诊断应当在熟知 BMS 组成、控制策略和电路图的基础上，按正确规范的诊断流程进行，避免人为主观臆断导致的误判，提高故障诊断的准确性和效率。BMS 控制器故障诊断的一般流程见表 3-8。

表 3-8　BMS 控制器故障诊断的一般流程

步骤	操作	结果
1	观察仪表有无故障信息，验证故障现象	
2	连接故障诊断仪，读取故障码	能正常读取，转入步骤 3
		无法读取，转入步骤 4
		无故障码，转入步骤 5
3	根据读取的故障码，结合维修手册、电路图维修电路	正常，转入步骤 6
4	检查 OBD 诊断接口、CAN 总线通信线路	正常，转入步骤 2
	检查 BMS 电源	执行 BMS 电源线路检查
	检查 BMS 通信	执行 BMS 通信线路检查
	检查 VCU 电源	执行 VCU 电源线路检查
	检查 VCU 通信	执行 VCU 通信线路检查
5	检查 BMS、VCU 等插接器	检查插接器是否存在退针、锈蚀、虚接
	结合维修手册、电路图对高压互锁线路进行检测	
	结合维修手册、电路图对高压配电盒继电器进行检测	
	结合维修手册、电路图对高压电器部件绝缘性进行检测	
	结合维修手册、电路图对动力电池电压、温度、电流进行检测	
6	故障检验	不正常，转入步骤 2
7	完成故障排除	

五　项目实施

实施准备

安全防护：做好车辆安全防护与隔离（车辆挡块、警示隔离带、高压危险警示牌）

工具设备：数字万用表、绝缘检测仪、故障诊断仪

实训车辆：吉利 EV450

辅助资料：汽车原厂维修手册、原厂电路图

任务一　动力电池管理系统电源故障检修

故障现象：踩下制动踏板，把点火开关打到 ON 档，仪表动力电池电量低指示灯、动力电池故障指示灯、动力系统故障指示灯点亮，READY 灯不亮，仪表显示"电量不足，

请及时充电"，整车无法上电、无法充电，如图 3-18 所示。

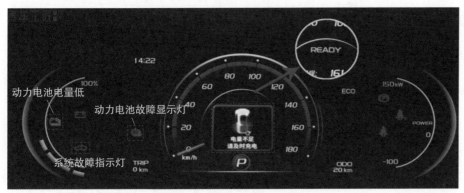

图 3-18 BMS 电源故障仪表显示

动力电池管理系统
电源故障检修

故障诊断：诊断步骤见表 3-9。

表 3-9 故障诊断步骤

步骤		操作	结果
1		用故障诊断仪读取故障码	
	A	连接故障诊断仪，把启动开关置于 ON 档	
	B	读取故障码	U011287：与 BMS 通信丢失 U110000、U110400
2		检查蓄电池	
	A	测量蓄电池电压，标准 11~14V	
	B	确认电压是否符合标准	否，蓄电池充电或更换
3		检查 BMS 供电电源熔丝 EF01 和 IF18 是否熔断	否，转入步骤 5
4		检修保险 EF01 和 IF18 线路	
	A	检查熔丝 EF01 和 IF18 线路是否有对地短路现象	
	B	进行线路修理，确认没有线路对地短路故障	
	C	按额定电流值更换熔丝。EF01 10A、IF18 10A	
	D	确认 BMS 是否正常工作	是，系统正常，结束
5		检查 BMS 控制器线束插接器（端子电压） CA69 BMS模块	
	A	把启动开关置于 OFF 档，拆下蓄电池负极	
	B	断开 BMS 控制器线束插接器 CA69	

（续）

步骤		操作	结果
5	C	连接蓄电池负极，将启动开关置于 ON 档	
	D	测量线束插接器 CA69/1、CA69/7 对车身接地电压（标准 11~14V）	
	E	确认电压是否符合标准	否，修理或更换线束
6		检查 BMS 控制器线束插接器接地端子导通性	CA69 BMS模块
	A	把启动开关置于 OFF 档	
	B	测量线束插接器 CA69/2 与车身接地电阻（标准 < 1Ω）	
	C	确认电阻是否符合标准	否，修理或更换线束
7		更换 BMS 控制器	
	A	更换 BMS 控制器	
	B	将启动开关置于 ON 档，确认故障是否排除	是，系统正常，结束

1）完成学生工作页背景知识。

①查阅电路图，认知动力电池管理系统低压插接器并标注插接器端子定义。

②画出吉利 EV450 动力电池管理系统电源电路简图。

③查阅维修手册，了解动力电池管理系统电源故障相关的故障码及定义。

2）作业前准备（场地布置、防护装备检查穿戴、仪器设备检查、汽车防护三件套安装）。

3）记录车辆信息。

4）确认故障现象，读取故障码和数据流，分析故障范围。

5）制定故障检测步骤。

6）实施故障检测与排除。

7）活动总结评价。

任务二　动力电池管理系统通信故障检修

检修步骤见表 3-10。

表 3-10　故障检修步骤

步骤		操作	结果
1		用故障诊断仪读取故障码	
	A	连接故障诊断仪，把启动开关置于 ON 档	
	B	读取故障码	U111487：与整车控制器通信丢失

（续）

步骤		操作	结果
2		检查蓄电池	
	A	测量蓄电池电压（标准 11~14V）	
	B	确认电压是否符合标准	否，蓄电池充电或更换
3		检查 BMS 供电电源熔丝 EF01 和 IF18 是否熔断	否，转入步骤 5
4		检修熔丝 EF01 和 IF18 线路	
	A	检查熔丝 EF01 和 IF18 线路是否有对地短路现象	
	B	进行线路修理，确认没有线路对地短路故障	
	C	按额定电流值更换熔丝：EF01 10A、IF18 10A	
	D	确认 BMS 是否正常工作	是，系统正常，结束
5		检查 BMS 控制器线束插接器（端子电压） CA69 BMS模块 	
	A	把启动开关置于 OFF 档，拆下蓄电池负极	
	B	断开 BMS 控制器线束插接器 CA69	
	C	连接蓄电池负极，将启动开关置于 ON 档	
	D	测量线束插接器 CA69/1、CA69/7 对车身接地电压（标准 11~14V）	
	E	确认电压是否符合标准	否，修理或更换线束
6		检查 BMS 控制器线束插接器接地端子导通性 CA69 BMS模块 	
	A	把启动开关置于 OFF 档	
	B	测量线束插接器 CA69/2 与车身接地电阻（标准 < 1Ω）	
	C	确认电阻是否符合标准	否，修理或更换线束
7		检查 BMS 与 VCU 之间线束插接器的数据通信线 	

（续）

步骤		操作	结果
7	A	把启动开关置于 OFF 档	
	B	将蓄电池负极电缆拆下，等待 90s	
	C	断开 BMS 控制器线束插接器 CA69	
	D	断开 VCU 线束插接器 CA66	CA66 VCU线束连接器
	E	测量 BMS 插接器 CA69/3 与 VCU 插接器 CA66/8 之间电阻（标准 < 1Ω）	
	F	测量 BMS 插接器 CA69/4 与 VCU 插接器 CA66/7 之间电阻（标准 < 1Ω）	
	G	确认电阻是否符合标准值	否，修理或更换线束
8		更换 BMS 控制器	
	A	更换 BMS 控制器	
	B	将启动开关置于 ON 档，确认故障是否排除	是，系统正常，结束

1）完成学生工作页背景知识。

①查阅电路图，画出 EV450 动力电池管理系统（BMS）通信线路简图。

②用示波器读取并画出正常状态下 BMS 的 CAN-H、CAN-L 波形图，并对波形进行分析。

2）作业前准备（场地布置、防护装备检查穿戴、仪器设备检查、汽车防护三件套安装）。

3）记录车辆信息。

4）确认故障现象，读取故障码和数据流，分析故障范围。

5）制定故障检测步骤。

6）实施故障检测与排除。

7）活动总结评价。

任务三 动力电池管理系统碰撞信号故障检修

故障现象：踩下制动踏板，把点火开关置于 ON 档，仪表中安全气囊故障指示灯和故障提醒警告灯亮起，同时 READY 指示灯亮起，车辆上电正常，如图 3-19 所示。踩下制动踏板，操纵变速杆，能进入 D 位，松开制动踏板，车辆能正常行驶。

故障检修：故障检修步骤见表 3-11。

图 3-19 BMS 碰撞信号故障仪表显示

表 3-11 故障检修步骤

步骤		操作	结果
1		用故障诊断仪读取故障码	
	A	连接故障诊断仪，把启动开关置于 ON 档	
	B	读取故障码	B10A1：碰撞输出信号对地短路或开路
2		查阅电路图	
	A	查阅电路图	
	B	分析可能故障原因，制定检测步骤	故障原因：① BMS 故障；② BMS 与 ACU 连接线路故障；③ ACU 故障
3		用示波器检查碰撞信号波形线路	

（续）

步骤		操作	结果
3	A	将启动开关置于 OFF 档	
	B	断开 BMS 与 ACU 线束中间插接器 IP02a	
	C	选择示波器通道 1，设置合适量程（幅值 5V/div，周期 10ms）	
	D	将启动开关置于 ON 档，测量 IP02a/13 与车身接地间电压信号波形	
	E	判断碰撞信号波形是否正常	正常，转入步骤 8
4		检查 ACU 与中间插接器 IP02a 之间线路断路故障	
	A	把启动开关置于 OFF 档，拆下蓄电池负极	
	B	断开 ACU 线束插接器 IP54	IP54 安全气囊控制模块线束插接器A
	C	用万用表测量 IP02a/13 与 IP54/19 间电阻（标准 < 1Ω）	
	D	确认测量值是否符合标准	否，修理或更换线束
5		检查 ACU 与插接器 IP02a 之间线路对地短路故障	
	A	用万用表测量 IP02a/13 与车身接地电阻（标准 ∞）	
	B	确认测量值是否符合标准	否，修理或更换线束
6		检查 ACU 与插接器 IP02a 之间线路对电源短路故障	
	A	用万用表测量 IP02a/13 与车身接地电压（标准 0V）	
	B	确认测量值是否符合标准	否，修理或更换线束
7		检查 BMS 与中间插接器 CA01a 之间线路断路故障	CA01a 前机舱线束接仪表线束插接器

（续）

步骤		操作	结果
7	A	断开 BMS 线束插接器 CA69	CA69 BMS模块
	B	用万用表测量 CA69/6 与 CA01a/13 间电阻（标准 < 1Ω）	
	C	确认测量值是否符合标准	否，修理或更换线束
8		检查 BMS 与插接器 CA01a 之间线路对地短路故障	
	A	用万用表测量 CA01a/13 与车身接地电阻（标准 ∞）	
	B	确认测量值是否符合标准	否，修理或更换线束
9		检查 BMS 与插接器 CA01a 之间线路对电源短路故障	
	A	用万用表测量 CA01a/13 与车身接地电压（标准 0V）	
	B	确认测量值是否符合标准	否，修理或更换线束
10		更换 BMS	
	A	将启动开关置于 OFF 档	
	B	断开蓄电池负极，做好绝缘保护	
	C	拆卸动力电池包，更换动力电池管理系统（BMS）	
	D	恢复并确认故障是否排除	是，系统正常，结束
11		更换 ACU	是，系统正常，结束

1）完成学生工作页背景知识。

①查阅电路图，画出 EV450 动力电池管理系统（BMS）碰撞信号线路简图。

②用示波器读取正常状态下碰撞信号波形，并对碰撞信号控制原理进行分析。

2）作业前准备（场地布置、防护装备检查穿戴、仪器设备检查、汽车防护三件套安装）。

3）记录车辆信息。

4）确认故障现象，读取故障码和数据流，分析故障范围。

5）制定故障检测步骤。

6）实施故障检测与排除。

7）活动总结评价。

➤ 复习题

1. 选择题

（1）EV450 高压配电盒 B-BOX 安装在（　　　）。

　　A. 动力电池包内　　　　　　　　B. 高压电控总成 VTOG 内

　　C. 安装在前机舱内　　　　　　　D. 低压蓄电池内

（2）动力电池管理系统插接器 CA69 的 6 号端子是（　　　）。

　　A.PCAN-H　　　　　　　　　　B.PCAN-L

　　C. 碰撞信号　　　　　　　　　　D. 常电

（3）比亚迪 E5 上电成功，仪表（　　　）灯点亮。

　　A.READY　　　　　　　　　　　B.OK

　　C.ECO　　　　　　　　　　　　D. 充电指示灯

（4）比亚迪 E5 的低压电池为（　　　）。

　　A. 铅酸电池　　　　　　　　　　B. 铁电池

　　C. 锂电池　　　　　　　　　　　D. 三元锂电池

（5）比亚迪 E5 的主接触器安装在（　　　）。

　　A. 动力电池包内　　　　　　　　B. 高压电控总成内

　　C.VTOG 上　　　　　　　　　　D. 车载充电机上

（6）比亚迪 E5 的动力电池管理系统 BMS 由（　　　）组成。

　　A. 电池管理控制器 BMC　　　　　B.BIC

　　C. 电池采样线　　　　　　　　　D. 漏电传感器

（7）吉利 EV450 的 BCM 通过（　　　）端子控制 ACC 继电器 IR03 闭合，给 ACC 用电设备供电。

　　A.IP23/32　　　　　　　　　　B.IP23/15

　　C.IP23/31　　　　　　　　　　D.IP23/1

（8）吉利 EV45O 的 PEU 指（　　　）。

　　A. 动力电池管理系统　　　　　　B. 电机控制器

　　C. 整车控制器　　　　　　　　　D. 高压分配盒

2. 简答题

（1）简述动力电池管理系统（BMS）常见故障及原因。

（2）画出 BYD E5 动力电池管理系统（BMS）电路图，简述上、下电控制策略。

（3）画出吉利 EV450 动力电池管理系统（BMS）电路图，简述上、下电、充电控制策略。

项目四　动力电池热管理系统检修

▶ 项目导入

一辆 2018 款吉利帝豪 EV450 电动汽车出现动力电池温度过高的故障。

你知道电动汽车为什么需要动力电池热管理系统吗？你知道动力电池热管理系统的类型和工作原理吗？请你对动力电池热管理系统水泵、三通电磁阀不工作的故障进行诊断与排除。

▶ 教学目标

知识目标

1）掌握动力电池热管理系统功用和类型。

2）掌握吉利 EV450 动力电池管理系统的组成和工作原理。

3）掌握动力电池热管理系统常见故障检修。

能力目标

1）能正确认知吉利 EV450 动力电池热管理系统各组成部件。

2）能正确地画出 EV450 动力电热管理系统的控制电路图。

3）能正确对 EV450 动力电池热管理系统故障进行诊断与排除。

一　动力电池热管理系统概述

电动汽车动力电池为什么需要热管理系统？

首先我们来了解一下动力电池自身的生热特性。以目前电动汽车常用的锂离子动力电池为例，在充放电的过程中，电池内部将发生复杂的化学反应，化学反应的过程大多伴随着大量热量的产生。此外，由于锂离子动力电池具有一定的内阻，电流通过时也会产生部分的热量，而且这部分热量与工作电流呈二次曲线关系，热量随工作电流的增大而急剧增大，尤其是高倍率充放电时温升更加明显。

在环境温度较高的情况下或大倍率充放电时，电池会产生大量热量导致极高的温度，此时需要对动力电池进行散热降温，否则高温会引起电池内部各种分解副反应，如SEI膜分解、负极与电解液反应、电解液分解等，从而使动力电池容量和功率等性能下降、寿命缩短，严重时甚至会热失控，短时间内发生爆炸、起火燃烧，危害人员安全。

相反，如果在低温环境下工作，动力电池由于温度过低，内部化学反应活性下降，而且随温度的降低，电池的内阻会明显增大，电池的可用容量会迅速衰减。低温大电流充电会使电池容量发生不可逆衰退，甚至会使得负极附近的锂离子俘获电子生成金属锂，聚集的金属锂会形成锂枝晶，刺破隔膜而使正、负极发生短路，导致动力电池损坏甚至发生爆炸或过温着火燃烧等严重安全事故。因此低温时需要对动力电池进行加热，提高电池的工作温度。

此外，电动汽车动力电池通常由单体电池组成的电池模组构成，动力电池箱内部温度场分布不均匀会使得各电池模组、单体电池温度不均匀而产生不均衡，长时间处于高温的电池性能会快速衰退，从而降低了动力电池包的整体性能和使用寿命（表4-1）。

表4-1　工作温度、热管理与电池性能、使用寿命的关系

工作温度	-20℃	0℃	20℃	40℃	60℃
性能（功率、容量）	<70%，非常高内阻	90%，高内阻	100%，内阻小	100%→0%，加快老化	
使用寿命	充电过程中快速老化		理想温度	单体老化→热分解	
热管理	加热		单体电池温差<5℃	冷却	

大量研究表明，锂离子动力电池理想的工作温度在20~40℃，当锂离子动力电池温度低于0℃时，电池的性能会下降30%，-20℃时接近电池的使用极限；当电池温度高于45℃，电池的工作性能和循环寿命迅速衰减，持续工作温度上升10℃，电池的循环寿命减少一半。

然而，电动汽车的实际使用环境温度通常为-35~55℃，而且工作环境复杂多变和苛刻，伴随振动、灰尘、雨水等，为了使动力电池具有最佳的性能和寿命，需要通过动力电池热管理系统对电池的温度进行调节，低温加热、高温散热、均匀温度场、减少单体电池温差，确保动力电池工作在最适宜的温度范围，提高动力电池系统的性能和效率，延长其使用寿命。一般要求单体电池温差不超过5℃，温差超过5℃时，动力电池的SOC差异大于10%。

为了确保动力电池处于最佳工作温度状态，对动力电池热管理系统要有以下基本功能

要求：

1）要能准确测量和监测动力电池的温度。

2）当动力电池温度高于限值时，要能及时有效地进行散热降温，保持理想工作温度。

3）低温条件下要能快速加热，使得电池处于能正常运行的温度范围内。

4）确保动力电池系统温度分布均匀，降低单体电池间的温差，温差不得大于5℃。

二 动力电池热管理系统类型

电动汽车动力电池热管理系统基于单体电池温度控制目标来对动力电池温度进行热管理，主要内容包括电池冷却、电池加热、电池保温和控制温度均衡。不同的动力电池热管理系统采取的冷却方式、加热方式、保温措施等不同。常见的动力电池冷却方式有风冷、液冷和直冷；加热方式有电加热膜加热、PTC加热和液热。动力电池热管理系统通常是多种冷却方式和加热方式的组合。现在人们正在研究利用相变材料（Phase Change Material，PCM）来进一步提高动力电池热管理系统性能。PCM是一种能够利用自身的相变潜热吸收或释放热能的材料。采用PCM的热管理系统通过PCM在相变过程的潜热，在电池升温时来吸收电池的热，低温时对电池起到保温作用。PCM可以防止动力电池大电流充放电状态下温度过快升高，减少温度突变，如图4-1所示。

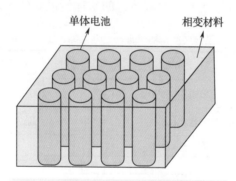

图4-1　利用PCM减小动力电池温度突变

此外，动力电池热管理系统通常不是独立的，是电动汽车整车热管理系统的一部分，为了更高效地对整车进行热管理，需将动力电池热管理、动力系统的冷却、空调制冷系统、空调暖风系统等进行高效融合，协调工作，这使得电动汽车热管理系统相对传统车型要复杂很多。

1.动力电池冷却方式

动力电池的冷却方式主要有风冷、液冷和直冷三种。风冷包括自然风冷和强制风冷两种。风冷是利用自然风或者乘员舱内的制冷风流经动力电池的表面进行对流换热的冷却方式。液冷一般使用独立的冷却液管路来冷却动力电池，当然也可以利用此冷却液管路来加热动力电池。直冷方式相当于给动力电池安装了一台制冷空调机，是直接利用制冷系统的蒸发器（制冷剂）对动力电池进行冷却的方式，该方式不需要液体冷却管路。风冷和液冷过程中冷却工质都没有发生相变，直冷方式中冷却工质是制冷剂，制冷剂发生相变带走了大量热量。

表4-2是各种不同的冷却方式换热性能对比，从换热效率上来说，直冷效率是最高的，但综合考虑成本、可控性、与加热系统融合、结构、能耗各方面，目前液冷是电动汽车动力电池主流的冷却方式。国内外主流的电动汽车几乎都采用液冷方式，如吉利几何A、吉利帝豪EV450、比亚迪秦Pro EV450、北汽EU5、特斯拉、通用Volt等。

表4-2　不同冷却方式换热性能对比

冷却方式	换热方式	换热系数 /（W/m² · K）	表面热流密度 /（W/cm²）（与环境温差10℃）
自然风冷	空气自然对流	5~25	0.005~0.025
强制风冷	空气强制对流	25~100	0.025~0.15
液冷	液体强制对流	500~15000	0.5~1.5
直冷	相变	2500~25000	2.5~25

（1）风冷系统

1）自然风冷。如图4-2所示，采用自然冷却方式是以车外空气作为传热介质的被动散热形式，即汽车行驶过程中，直接让车外空气流过电池箱体内部，通过空气与电池、电池箱体等导热部件之间的对流换热实现对电池的冷却。这种方式的对流传热系数较小，约为5~25W/m² · K，虽然结构简单，不消耗额外的能量，成本低，但散热效果有限，仅用于早期容量小、能量密度低的动力电池中，或作为现代动力电池的辅助冷却手段。

图4-2　自然风冷方式

2）强制风冷。强制风冷属于主动冷却，是通过风机将空气引入动力电池箱体内部，空气以一定的流速流过动力电池模组的表面，将电池产生的热量散入到环境空气中的冷却方式。强制风冷的空气有两种方式，一种是没有经过车内空调制冷系统降温的自然空气，一种是经过车内空调制冷系统降温的空气，如图4-3所示。

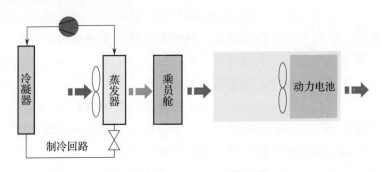

图4-3　蒸发器降温式强制风冷

　　显然第一种方式的成本和能耗较低，但散热效率也较低。第二种方式的散热效率相对来说较高，但增加了成本和能耗。第一种方式主要应用于 48V 微混合动力汽车的储能电池冷却，第二种方式更多地用在纯电动乘用车和纯电动客车。强制风冷系统的典型代表如日产聆风（Leaf）、起亚 Soul EV、吉利帝豪 EV（2016 款）等，图 4-4 为日产聆风动力电池强制风冷系统。风冷系统结构比较简单，技术相对成熟，成本较低。但由于空气带走的热量有限，其换热效率不高，电池内部温度均匀性不好，温差大，对电池温度也难以实现比较精确的控制。因此强制风冷系统一般适用于续驶里程较短、整车重量较轻的情况。

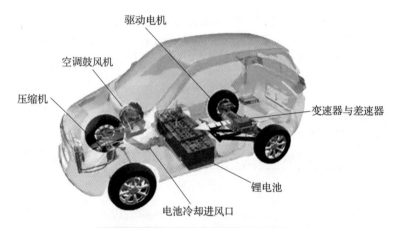

图 4-4　日产聆风动力电池强制风冷系统

　　强制风冷系统风道的布置对冷却效果起着至关重要的作用。风道主要分为串行风道和并行风道，如图 4-5 所示。串行结构简单，但阻力大；并行结构散热均匀性好，但较复杂，占用空间多。

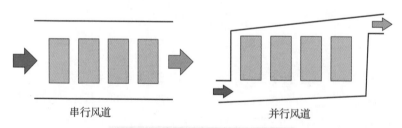

图 4-5　强制风冷系统风道布置形式

　　（2）液冷系统　随着电动汽车对动力电池系统的功率要求越来越高，快充充电电流越来越大，伴随而来的就是对动力电池冷却系统的要求也越来越高提高。动力电池在大倍率充放电工况下，强制风冷已不能满足散热要求，散热效果更佳、结构、成本各方面性能较好的液冷方式成为了首选。液冷系统是指在动力电池内部建立一套液体冷却管路，利用冷却液在管路中流动带走热量的冷却方式。为了强化液冷的散热效果，通常动力电池液冷系统通过一个叫热交换器（Chiller）的热交换装置与整车空调制冷系统相结合，冷却液从动力电池带走的热量通过热交换器传给整车制冷空调系统，最后通过整车空调系统将这部分热量传递到环境空气中，如图 4-6 所示。

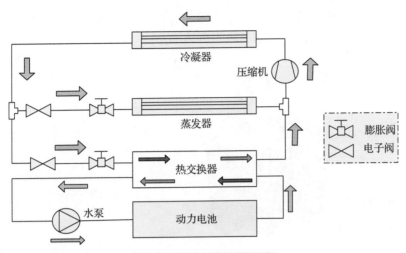

图 4-6 动力电池液冷系统

　　动力电池液冷系统的核心部件是压缩机、热交换器和水泵。压缩机作为制冷的动力发起点，决定着整个系统的换热能力。热交换器是液冷系统的一个关键部件，它的作用在于引入空调系统中的制冷剂，在膨胀阀节流后蒸发，吸收动力电池冷却回路中冷却液的热量。此过程制冷剂通过热交换将冷却液的热量带走，热交换器换热量的大小也直接决定着动力电池冷却液的温度。水泵转速则决定了管路内冷却液的流速，流速越快换热性能就会越好，反之亦然。液冷系统的冷却液分为可直接接触单体电池（硅油、蓖麻油等）和非接触单体电池（水和乙二醇混合液）两种，目前采用水和乙二醇混合溶液的比较多。

　　不同厂家的热交换器基本结构大同小异，其换热器主体实际上就是由一个换热器和一个蒸发器组合而成，换热器有一进一出两个水管接口，蒸发器有一进一出两个制冷剂接口。换热器和蒸发器由一片片的板翅式换热片构成，换热器与蒸发器的板翅式换热片交替堆叠，形成三明治结构，如图 4-7 所示。冷却液和制冷剂分别在换热器和蒸发器内以对流的形式流动。对流过程中热量从冷却液转移到制冷剂上，实现换热。动力电池冷却的效率由热交换器的功率大小（取决于换热器主体的板翅式换热片的数量和大小）、水泵功率的大小、冷却液流速、制冷系统的制冷量大小等因素决定。

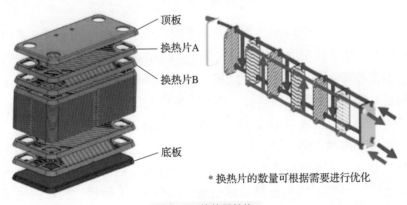

*换热片的数量可根据需要进行优化

图 4-7 换热器结构

知名的热交换器制造商马勒将膨胀阀和电子控制阀集成到一块，如图 4-8 所示。吉利 EV450 的热交换器还集成了动力电池加热的换热器。

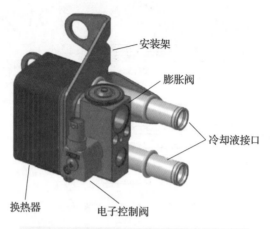

图 4-8　集成膨胀阀和电子控制阀的热交换器

　　液冷方案冷却液流进动力电池模组的内部，将动力电池的热量带走，动力电池模组内部的液冷管路设计形式比较有代表性的车型是通用 Volt 和特斯拉。通用 Volt 采用 288 节 45A·h 的层叠式锂离子电池，并在单体电池间间隔布置了金属散热片（厚度为 1 mm），散热片上刻有流道槽。冷却液可在流道槽内流动带走热量，如图 4-9 所示。在低温环境下，加热线圈可以加热冷却液使电池升温。

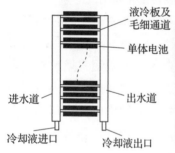

图 4-9　通用 Volt 动力电池模组液冷系统结构

　　如图 4-10 所示，与通用 Volt 的并行流道不同，由于特斯拉 Model S 采用的是圆柱形 18650 锂离子电池，特斯拉采取将冷却板安装于 18650 电池的间隙，形成串行的冷却流道的设计形式。虽然冷却板的设计布置难度较大且蛇形冷板在一定程度上增加了液冷系统的压力损失，但是其冷却效果做得相当好，能实现整个电池包的温差在 ±2℃ 以内。

　　液冷系统中，动力电池模组不仅仅要冷却，当动力电池温度过低时还需要对它进行加热。根据动力电池温度的不同，热管理需求也不同。为此通常将上述的动力电池液冷系统与一个液体散热器、一个液体加热器以及逆变器、电机控制器、充电机、DC/DC 变换器的液体冷却管路组成综合的动力电池热管理系统，如图 4-11 所示。当动力电池处于不同温度时，热管理系统利用一个电子控制四通阀实现不同的控制模式。

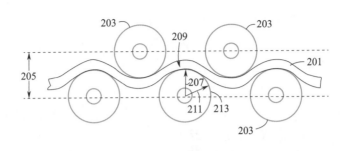

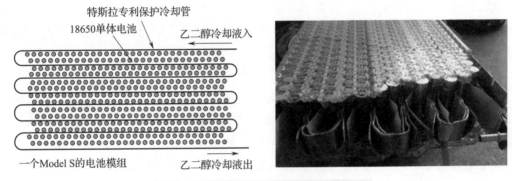

图 4-10 特斯拉动力电池模组液冷系统结构

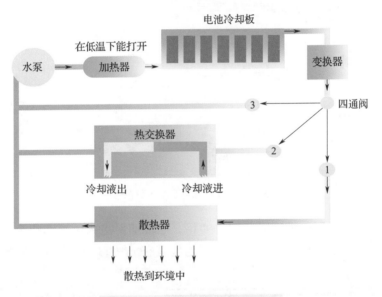

图 4-11 综合动力电池热管理系统

模式一：当动力电池温度偏高，但尚不需要通过热交换器进行降温时，四通阀 1 通道打开，2、3 通道关闭，冷却液在水泵的驱动下，经动力电池、变换器、散热器、加热器（不工作）循环，利用散热器将热量传给车外空气降温。

模式二：当动力电池温度过高时，四通阀 2 通道打开，1、3 通道关闭，冷却液在水泵的驱动下，经动力电池、变换器、热交换器、加热器（不工作）循环，将动力电池、变换器的热量通过热交换器传给整车空调制冷系统（热管理系统控制空调制冷空调系统启动），利用制冷空调系统的低温加快动力电池的降温。

模式三：当动力电池温度偏低时，四通阀3通道打开，1、2通道关闭，冷却液在水泵的驱动下，经动力电池、变换器、加热器（不工作）循环，利用逆变器、电机、电机控制器等高压部件冷却时产生的热量给动力电池加热，提高热管理系统的能效。

模式四：当动力电池温度过低，单纯靠逆变器、电机、电机控制器等高压部件冷却产生的热量无法让动力电池快速升温；或者动力电池温度过低，急需快速加热升温时，四通阀3通道打开，1、2通道关闭，冷却液在水泵的驱动下，经动力电池、加热器（启动工作）和变换器、电机、电机控制器等冷却管路循环，利用加热器快速给动力电池加热，确保动力电池快速升温到可靠、稳定的工作温度。

当然不同车型动力电池热管理系统在控制模式的选择、管路的布置上会有所差异。

（3）直冷系统　直冷系统是利用整车制冷空调系统的制冷剂直接冷却动力电池的，它主要由压缩机、冷凝器、蒸发器和节流装置组成，如图4-12所示。直冷系统中的蒸发器即为动力电池冷板，安装在模组底部并且与模组紧密贴合，制冷剂在冷板（蒸发器）中蒸发直接将动力电池系统产生的热量带走，从而实现更快、更有效的冷却过程。

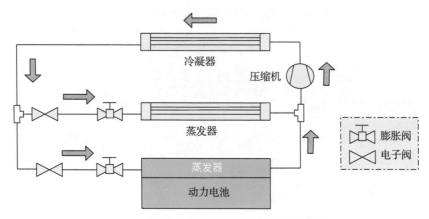

图4-12　直冷系统组成与工作原理

直冷系统的散热效率是液冷系统的3~4倍，它能应对更大倍率的快充问题。但目前直冷系统并未形成广泛的应用，真正装车应用的也只有宝马i3，如图4-13所示。宝马i3的

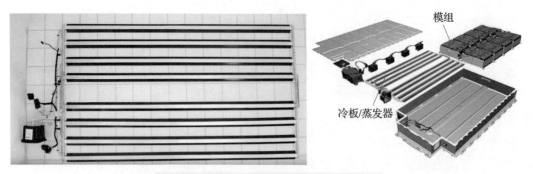

图4-13　宝马i3直冷系统的冷板（蒸发器）

直冷系统与液冷系统相比，散热效率高、结构紧凑，避免了乙二醇冷却液在动力电池箱内泄漏的风险。但它也存在明显的不足：一是直冷系统难以集成加热功能，只能在动力电池模组中增加电加热丝来对动力电池进行加热；二是直冷系统冷板的散热均匀性不如液冷；三是对系统的气密性要求更高。

2. 动力电池加热方式

电动汽车的使用地域非常辽阔，北方地区冬季的环境温度可低至 −35℃ 左右，在如此低温环境下工作，要保证动力电池能正常工作，需要对动力电池进行加热升温。目前常用的动力电池加热方式有三种：电加热膜加热、PTC 加热和液热，如图 4-14 所示。三种动力电池加热方式的特性对比见表 4-3。

图 4-14　三种常见加热方式（左到右：电加热膜加热、PTC 加热、液热）

表 4-3　三种动力电池加热方式的特性对比

项目	电加热膜加热	PTC 加热	液热
加热特点	恒功率加热	恒温加热	对流加热
厚度 /mm	0.3~2	5~8	集成在加热器
干烧温度 /℃	60~130	60~80	25~40
升温速率 / (℃/min)	0.15~0.3	0.15~0.3	0.3~0.6
电池温差 /℃	≈ 8	≈ 10	≤ 5

（1）电加热膜加热　电加热膜加热属于电阻加热方式，由金属加热电阻丝、绝缘包覆层、引出导线和接插件组成。电阻丝一般为镍镉合金和铁铬铝合金，绝缘包覆层一般为聚酰亚胺（PI）、硅胶和环氧树脂，这三种材料的包覆层都可以起到绝缘的作用，但又有各自不同的特点。聚酰亚胺电加热膜的厚度可以做到 0.3mm，且具备耐腐蚀性，但缺点是容易被毛刺刺穿从而导致绝缘失效；硅胶电加热膜不易被毛刺刺穿，硅胶电加热膜的厚度一般在 1.5mm 以上，且不耐磨也不耐电解液腐蚀；环氧树脂电加热膜不易被毛刺刺穿，耐磨也耐腐蚀，厚度一般也在 1.5mm 以上，但其硬度高，内应力大。

电加热膜可安装于单体电池侧边、底部或两个单体电池之间，常见的安装方式是安装在两个单体电池之间，如图 4-15 所示。

电加热膜的高压回路由电加热膜、熔丝和继电器串联而成，整个高压回路与电池系统的高压回路并联。此外，为了减少继电器粘连的风险，加热高压回路中使用了两个继电器，如图 4-16 所示。

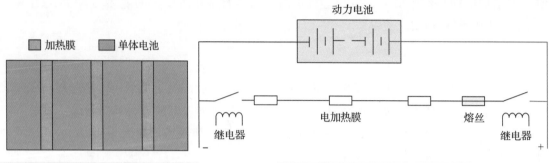

图 4-15　电加热膜安装于单体电池之间　　　　图 4-16　电加热膜高压电气连接回路

（2）PTC 加热　PTC（Positive Temperature Coefficient）是指正温度系数材料，其电阻会随温度的升高而增大。当加热器温度升高时，其内阻增大引起加热功率减小，自身温度下降，当加热温度下降时，其内阻减小引起加热功率增大，自身温度升高。PTC 加热器利用材料的这种特性可以达到恒温加热的效果。

PTC 加热器由 PTC 元件、导热金属板和引出导线组成。PTC 元件是 PTC 加热器的发热元件，被绝缘密封于导热金属板内部，通过引出导线串入加热高压回路。导热金属板起导热、均热和提高结构强度的作用，导热金属板的厚度就是 PTC 加热器的厚度，一般情况下 PTC 加热器的厚度在 8mm 左右，因厚度太大，不适宜安装在单体电池之间，所以 PTC 加热器一般安装在电组模组的底部或侧面。PTC 加热器的电气回路常采取单块 PTC 并联后与继电器串联，并入高压回路的连接方式，如图 4-17 所示。

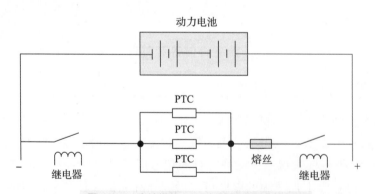

图 4-17　电池模组 PTC 加热器高压电气回路

（3）液热　液热采用加热液体流经动力电池表面对动力电池进行加热，是主流电动汽车动力电池加热的主要方式。加热液体的方式有电阻丝和 PTC 两种，目前比较常用的是 PTC 加热。动力电池 PTC 加热器可以采用独立设置或与整车空调制热系统的 PTC 加热器共用的方式。独立设置时，PTC 加热器可以串入或并入液冷系统回路，共用液体回路，如图 4-18 所示。

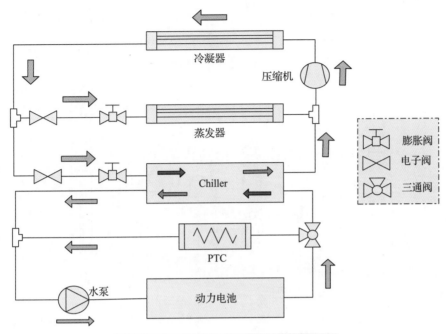

图 4-18 动力电池 PTC 加热器式液热系统

与整车空调制热系统共用 PTC 加热器时，整车空调制热 PTC 加热器常采用换热器方式对液冷回路液体进行加热，不共用液体回路。吉利 EV450 采用的就是换热器方式，吉利 EV450 动力电池加热系统与整车空调制热系统共用 PTC 加热器，空调制热液体回路在热交接器中通过换热器与动力电池加热液体回路完成传热，从而给动力电池加热。整车 PTC 加热器液体回路与动力电池加热液体回路是各自独立的。

液热系统的主要工作参数是流入动力电池的冷却液入口温度和流量。通常冷却液入口温度在 40~60℃范围内，冷却液流量为 10L/min。

三 吉利 EV450 动力电池热管理系统

1. 整车热管理系统组成与工作原理

吉利电动汽车的动力电池热管理系统经历了四代发展。

第一代帝豪 EV（2016 款）动力电池采用自然风冷被动散热，只有一套针对电驱动系统的热管理系统。

第二代帝豪 EV300（2017 年量产）首次加装动力电池热管理管路，通过热交换器与乘员舱空调制冷制热形成一套乘员舱与动力电池热管理系统，另一套用于电驱动散热，这是吉利 ITCS 1.0（电池智能温控管理系统）。新增的动力电池热管理可以保证帝豪 EV300 电动汽车在 −20~50℃进行快速充电（充电电流根据环境温度和车辆温度自动调节）。第一代和第二代的区别如图 4-19 所示。

动力电池热管理
工作原理

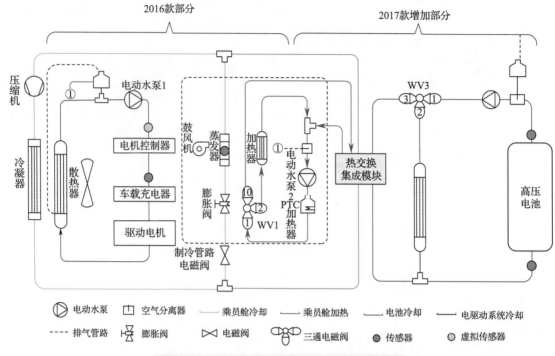

图 4-19 EV450 热管理系统第一代与第二代区别

第三代帝豪 EV450（2018 年量产）在帝豪 EV300 基础上，对电驱动、动力电池散热管路和空调高低压管，进行了重新设计铺设，缩减四通阀和管路数量、降低自重，提升了可靠性。帝豪 EV450 的动力电池热管理系统（ITCS2.0）与电驱动冷却系统相结合，利用电驱动回路的冷却热量对动力电池加热，提高热管理的能效。同时它针对快充时单体电池温度变化进行精准"热管理"，进一步提升了动力电池的充电效率。

第四代帝豪、几何 A 等的动力电池热管理系统发展到了 ITCS 3.0，在 ITCS2.0 的基础上进一步优化，动力电池热管理系统散热管路施加的压力小于驱动电机散热管路的压力。这说明，吉利注意到不同的散热伺服系统，被施加不同压力和不同冷却液流速，可以达到精准控制温度（伺服目标）并降低动力电池非驱动用电耗。ITCS3.0 可在 –30~55℃温度区间正常、高效充电；可确保动力电池在最佳状态下恒温运行，避免电池局部过热隐患；优化电驱动加热动力电池的功能，减少 PTC 加热的电耗。新的整车热管理系统大幅度降低整车非驱动电耗，实现续驶里程提升 4%。

EV450 整车热管理系统分为三个部分：乘员舱热管理、动力电池系统热管理、电驱动系统热管理，如图 4-20 所示。整车热管理系统包括一个制冷空调系统（R134a）和三个冷却液回路（水和乙二醇）。

制冷系统有两个制冷回路，一个制冷回路由压缩机—冷凝器—制冷管路电磁阀—膨胀阀—空调箱内蒸发器—压缩机，用于乘员舱空调制冷，该回路由制冷管路电磁阀控制；另一个制冷回路由压缩机—冷凝器—热交换器电磁阀—膨胀阀—热交换器换热片（蒸发器）—压缩机，通过热交换器给动力电池降温，该回路由热交换器电磁阀控制。

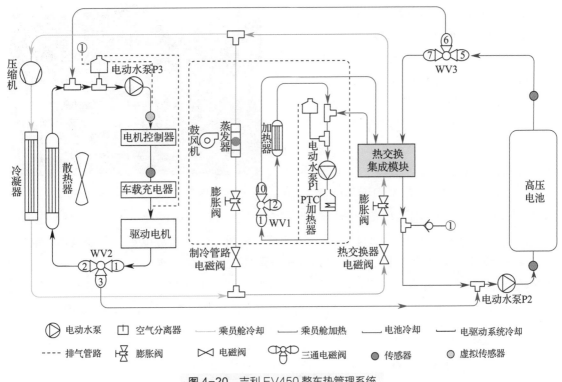

图 4-20 吉利 EV450 整车热管理系统

三个冷却液回路分别为电驱动系统冷却液回路、动力电池冷却液回路和 PTC 加热冷却液回路。电驱动系统冷却液回路由电驱水泵（电动水泵 P3）—电机控制器—车载充电机—驱动电机—三通电磁阀（WV2）—散热器—电驱水泵（电动水泵 P3），用于电驱动系统冷却。动力电池冷却液回路由电池水泵（电动水泵 P2）—高压电池冷却管道—三通电磁阀（WV3）—热交换器换热片—电池水泵（电动水泵 P2），用于动力电池的热管理。其中电驱动系统冷却液回路与动力电池冷却液回路通过三通电磁阀控制可相互连通，故共用一个膨胀罐。PTC 加热冷却液回路与电驱动系统冷却液回路、动力电池冷却液回路均不连通，单独使用一个膨胀罐，如图 4-21 所示。

图 4-21 两个冷却液回路膨胀罐

PTC 加热冷却液回路由两个循环回路组成，一个循环回路由 PTC 加热水泵（电动水泵 P1）—PTC 加热器—三通电磁阀（WV1）—空调箱内加热器—PTC 加热水泵（电动水泵 P1），用于乘员舱空调制热；另一个循环回路由 PTC 加热水泵（电动水泵 P1）—PTC 加热器—三通电磁阀（WV1）—热交换器换热片—PTC 加热水泵（电动水泵 P1），用于给动力电池加热。PTC 加热冷却液回路的两个循环回路由三通电磁阀（WV1）控制。

热交换器集成了 PTC 加热换热片、制冷空调换热片（蒸发器）、动力电池冷却液换热片，可实现动力电池的加热与冷却。吉利帝豪 EV450 电动汽车热交换器如图 4-22 所示。

整车热管理系统电气原理图如图 4-23 所示，热管理控制器即为 A/C 空调控制器，接收阳光传感器、室外温度传感器、蒸发器温度传感器（空调制冷）、动力电池温度传感器（BMS

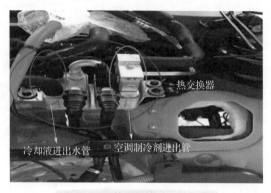

图 4-22　热交换器（Chiller）

通过 CAN 传送）、加热器温度传感器、电机温度传感器（VCU 通过 CAN 传送）、空调压力开关等信号，通过调速模块控制的鼓风机、风向调节电机、内外循环电机、冷暖风调节电机、电动空调压缩机、PTC 加热器、PTC 水泵等完成乘员舱制冷与制热（空调）功能；通过控制热交换电磁阀、制冷电磁阀、PTC 水泵（P1）、动力电池水泵（P2）、冷却液回路的 3 个三通电磁阀、PTC 加热器、电动空调压缩机等完成动力电池冷却、加热和电驱动系统的冷却和加热。其中电驱水泵（P3）、冷凝器与散热器的冷却风扇由整车控制器 VCU 控制。

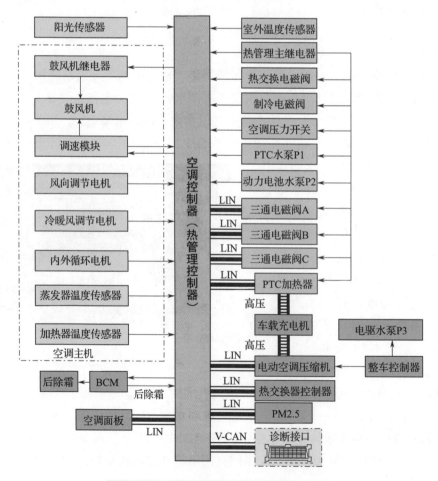

图 4-23　EV450 整车热管理系统电气原理图

（1）乘员舱热管理 乘员舱热管理和传统车一样，包括空调制冷与制热。不同的是，由于没有发动机，制冷系统采用电动空调压缩机，制热系统采用PTC电加热实现，如图 4-24 所示。

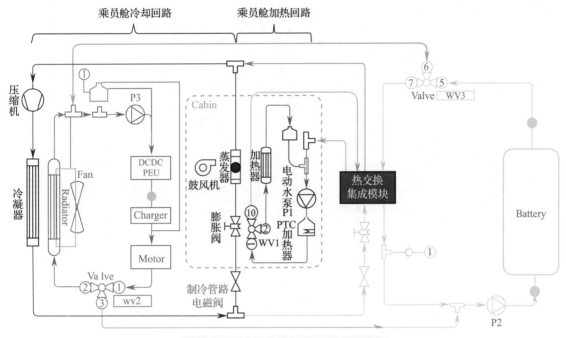

图 4-24 EV450 乘员舱制冷与采暖系统

与传统车一样，乘员舱制冷使用的是 R134a 制冷系统，由于没有发动机，EV450 的制冷系统采用电动涡旋式压缩机、平行流式冷凝器、层叠式蒸发器和 H 型膨胀阀。在 H 型膨胀阀的前端有一个两通电磁阀（制冷电磁阀），在乘员舱不需要制冷时电磁阀关闭，切断制冷剂回路。图 4-25 为 EV450 的乘员舱制冷与采暖系统部件位置图，图 4-26 为制冷空调管路控制电磁阀电路图。

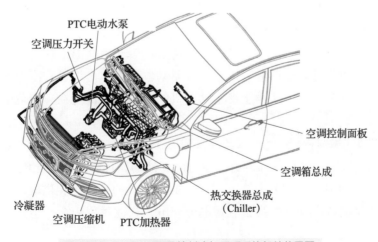

图 4-25 EV450 乘员舱制冷与采暖系统部件位置图

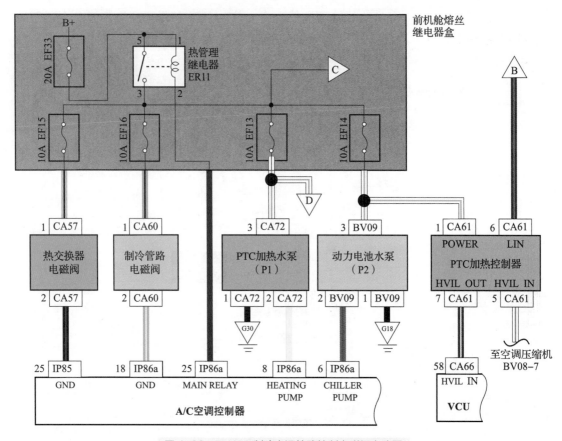

图 4-26　EV450 制冷空调管路控制电磁阀电路图

同样因为缺少发动机的乘员舱制热依靠电加热 PTC 来实现。需要制热时，热管理控制器控制 PTC 加热器（HVH）工作，控制三通电磁阀（WV1）1、2 号管路接通，PTC 加热水泵（P1）驱使经 PTC 加热后的冷却液流进空调系统风道中的加热器，实现采暖。

制冷空调系统的控制为控制面板 + 热管理控制器（A/C 空调控制器）的形式，空调控制面板采集按键信息，将信息通过 LIN 线传给热管理控制器（A/C 空调控制器），由热管理器完成整车乘员舱制冷空调系统的运行管理。

（2）电驱动系统热管理　驱动电机转子高速旋转会产生高温，热量通过机体传递，如果不加以降温，驱动电机无法正常工作，所以驱动电机机体内设置有冷却液道，通过冷却液的循环与外界进行热交换。这样能将驱动电机的工作温度保持在一定范围内，防止驱动电机过热。

车载充电机工作时将高压交流电转化成高压直流电，其转化过程中会产生大量的热量，因此车载充电机内部也有冷却液道，通过冷却液的循环降低车载充电机的工作温度。

电机控制器与 DC/DC 变换器总成不但控制驱动电机的高压三相供电，还要将动力电池的高压直流电转化成低压直流电为铅酸蓄电池充电。在此过程中会产生热量，需要通过冷却液循环散热。

电驱动系统热管理的作用就是通过冷却液循环散热为驱动电机、车载充电机、电机控制器这三大部件进行散热冷却。电驱动系统热管理主要包括电驱水泵（P3）、冷却液回路、三通电磁阀WV2、散热器、冷却风扇、温度传感器和膨胀罐等组成，如图4-27所示。散热部件的进水顺序为散热器出水—电机控制器与DC/DC变换器—充电机—驱动电机，驱动电机流出的较高温度冷却液通过散热器与空气的热交换降温，经过降温的冷却液再流经散热部件，达到冷却的目的。行驶状态，在动力电池温度高于-10℃，动力电池有加热需求时，电驱动系统的冷却液可为动力电池加热，减少动力电池加热的电耗。当系统冷却液温度高时，膨胀的冷却液可通过电动水泵（P3）出口和充电机出口膨胀管流入膨胀罐，当系统冷却液温度低时，膨胀罐冷却液经电动水泵（P3）入口流进系统，确保系统可靠散热。

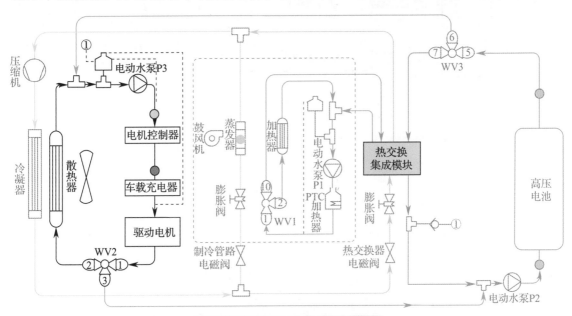

图4-27　EV450电驱动热管理系统

如图4-28为EV450的电驱动热管理系统部件位置，图4-29为电驱动热管理系统控制电气原理图，图4-30为电驱动热管理系统冷却风扇（与冷凝器共用）控制电路图，图4-31为电驱动热管理系统冷却水泵（P3）电路图。

（3）动力电池系统热管理　动力电池系统热管理是负责对动力电池进行冷却和加热，确保动力电池在最佳的温度范围内工作。EV450动力电池热管理系统采用的是液冷与PTC电加热式液热系统相结合，液冷利用整车乘员舱制冷系统进行降

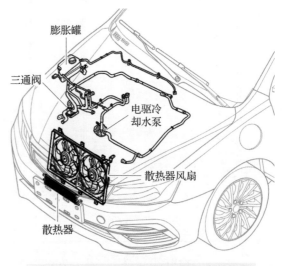

图4-28　EV450电驱动热管理系统部件位置

111

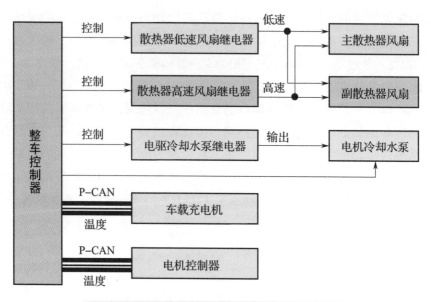

图 4-29　EV450 电驱动热管理系统控制电气原理图

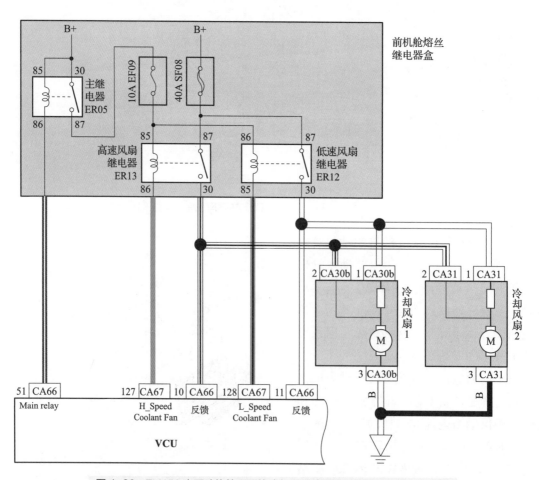

图 4-30　EV450 电驱动热管理系统冷却风扇（与冷凝器共用）控制电路图

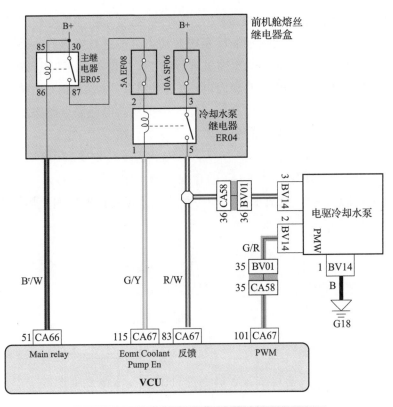

图4-31 EV450电驱动热管理系统冷却水泵电路图

温，大大提高了动力电池可靠工作环境温度。EV450的动力电池热管理系统还与电驱动冷却系统相结合，充分利用电驱动系统的热量给动力电池加热，降低了动力电池非驱动电耗。

动力电池热管理冷却回路如图4-32所示，包括电动压缩机、冷凝器、热交换器、H型

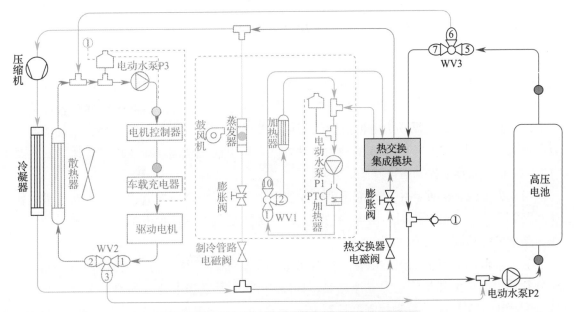

图4-32 EV450动力电池热管理冷却回路工作原理

膨胀阀、热交换器电磁阀、电池水泵（P2）、三通电磁阀（WV3）等。当动力电池管理系统监测单体电池超过限值，需要启动制冷系统对动力电池进行降温时，热管理控制器控制热交换器电磁阀打开，启动电动空调压缩机进行制冷。同时控制三通电磁阀（WV3）的5、7管路接通，驱动电池水泵（P2）使动力电池中吸热的高温冷却液流向热交换器，在热交换器中进行热交换，将热量传给制冷系统。随时根据动力电池温度状态的变化调节制冷量和水泵的转速，精确控制动力电池的温度。

动力电池 PTC 加热回路如图 4-33 所示，低温状态下，主要利用 PTC 加热器回路进行加热。动力电池 PTC 加热回路主要包括 PTC 加热器（HVH）、PTC 水泵（P1）、三通电磁阀 WV1、三通电磁阀 WV3、电池水泵（P2）和集成于热交换器中的换热器组成。

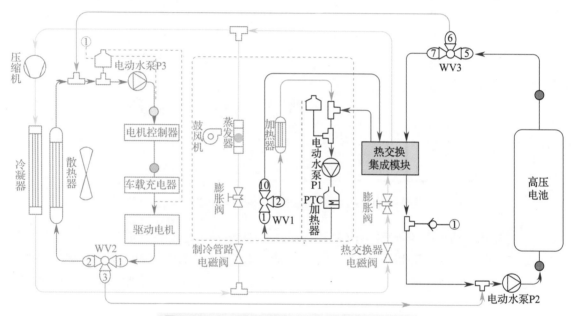

图 4-33 EV450 动力电池 PTC 加热回路工作原理

当动力电池最低温度小于 -10℃ 时，热管理控制器控制三通电磁阀 WV1 的 1、10 管路接通，三通电磁阀 WV3 的 5、7 管路接通，启动 PTC 加热器并控制电池水泵（P2）、PTC 水泵（P1）驱动电池回路与 PTC 回路的冷却液在热交换器中的换热器中传递热量，给动力电池加热。并随时根据动力电池温度的变化调整水泵转速和 PTC 加热功率，精确控制动力电池温度。图 4-34 为 EV450 的动力电池加热回路 PTC 加热水泵（P1）、电池冷却水泵（P2）和 PTC 加热器控制器电路图。

当动力电池加热回路中冷却液温度高膨胀时，可通过一个单向阀由 1 号管路流进电驱动回路膨胀罐。当温度低时，由电驱动回路经三通电磁阀流回动力电池回路，确保动力电池回路中的冷却液稳定流动。

为了降低动力电池加热的电耗，EV450 将电驱动冷却系统与动力电池加热回路结合，充分利用电驱动的热量给动力电池加热，如图 4-35 所示。当电池有加热需求时（电池最低温度高于 -10℃），热管理控制器控制 PTC 不启动，三通电磁阀 WV2 的 1、3 管路接通、

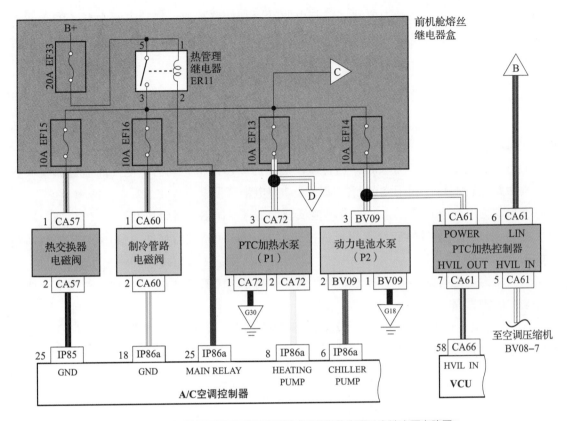

图 4-34　EV450 动力电池加热回路 PTC 加热水泵、电池水泵电路图

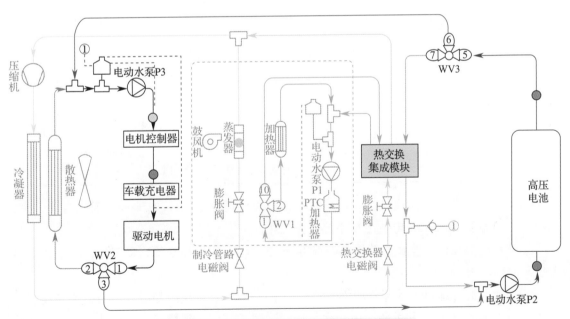

图 4-35　利用电驱动冷却回路加热动力电池原理图

WV3 的 5、6 管路接通，动力电池回路与电驱动冷却回路相通，启动电驱水泵（P3）和电池水泵（P2），促使电驱动回路的高温冷动液流向动力电池，对动力电池进行加热，同时利用电池回路的低温冷却液对电驱动系统冷却。

2. EV450 热管理系统控制策略

1）车辆在交流充电、直流充电、智能充电、行车过程中（包括车速为 0）都可以启动热管理对动力电池加热或冷却。

①当动力电池有冷却需求时，热管理控制器启动压缩机，动力电池回路通过热交换器与空调回路进行换热，利用空调制冷回路给动力电池降温。

②当动力电池有加热需求时（电池最低温度低于 -10℃，且暖风开启），PTC 加热器启动，动力电池回路通过热交换器集成的换热器与 PTC 回路进行换热，利用 PTC 加热回路给动力电池加热。

③当动力电池有加热需求时（电池最低温度高于 -10℃），PTC 不启动，利用电驱回路加热动力电池回路。

2）动力电池冷却控制策略。当动力电池需要冷却时，BMS 根据单体电池最高温度发送热管理控制信号，包括"冷却""匀热""关闭"三种模式，见表 4-4、表 4-5。

表 4-4　动力电池冷却控制策略

	放电模式	快充模式	慢充模式
冷却开启条件	$T \geqslant 38℃$	$T \geqslant 32℃$	$T \geqslant 38℃$
冷却关闭条件	$T \leqslant 32℃$	$T \leqslant 28℃$	$T \leqslant 32℃$

表 4-5　动力电池匀热控制策略（冷却）

	匀热开启条件	匀热关闭条件
冷却关闭后	$T_{avg} \geqslant 25℃$，冷却液温度与电池最高温差大于等于 14℃	电池最高温度在持续 10min 之内不变化
加热关闭后	$\Delta T \geqslant 12℃$，冷却液温度与电池最高温差大于等于 14℃	
默认状态	$\Delta T \geqslant 12℃$，冷却液温度与电池最高温差大于等于 14℃	

①动力电池在放电模式与慢充模式，单体电池温度 ≥ 38℃，电池冷却系统启动工作；当单体电池温度 ≤ 32℃，电池冷却系统停止工作。

②动力电池在快充模式，单体电池温度 ≥ 32℃，电池冷却系统启动工作；当单体电池温度 ≤ 28℃，电池冷却系统停止工作。

③动力电池冷却启动后，若动力电池平均温度 ≥ 25℃，且冷却液温度与电池最高温度差 ≥ 14℃，动力电池冷却关闭，电池水泵继续运转，开启匀热模式。若电池最高温度持续 10min 不变，匀热模式关闭，重启动力电池冷却系统。

3）动力电池加热控制策略。当动力电池需要加热时，BMS 根据单体电池最低温度发送热管理控制信号，包括"加热""匀热""关闭"三种模式，见表 4-6、表 4-7。

表 4-6 动力电池 PTC 加热控制策略

	放电模式	快充模式	慢充模式
加热开启条件	大多数 SOC 范围，$T \leqslant -20℃$	$-20℃ < T \leqslant 20℃$（电压 $\leqslant 4.148V$） $-20℃ < T \leqslant 5℃$（电压 $\geqslant 4.148V$）	$-20℃ < T \leqslant 1℃$
加热关闭条件	大多数 SOC 范围，$T \geqslant -18℃$	$T \geqslant 21℃$（电压 $\leqslant 4.148V$） $T \geqslant 7℃$（电压 $\geqslant 4.148V$）	$T \geqslant 20℃$

表 4-7 动力电池匀热控制策略（加热）

	匀热开启条件	匀热关闭条件
冷却关闭后	$T_{avg} \geqslant 25℃$，冷却液温度与电池最高温差大于等于 $14℃$	电池最高温度在持续 10min 之内不变化
加热关闭后	$\Delta T \geqslant 12℃$，冷却液温度与电池最高温差大于等于 $14℃$	
默认状态	$\Delta T \geqslant 12℃$，冷却液温度与电池最高温差大于等于 $14℃$	

①动力电池在放电模式，单体电池温度 $\leqslant -20℃$，电池加热系统启动工作；当单体电池温度 $\geqslant -18℃$，电池 PTC 加热系统停止工作。

②动力电池在快充模式，单体电池温度 $-20℃ < T \leqslant 20℃$，电池电压 $\leqslant 4.148V$，电池 PTC 加热系统启动工作，当单体电池温度 $\geqslant 21℃$ 时，电池 PTC 加热系统停止工作；单体电池温度 $-20℃ < T \leqslant 5℃$，电池电压 $\geqslant 4.148V$，电池 PTC 加热系统启动工作，当单体电池温度 $\geqslant 7℃$ 时，电池 PTC 加热系统停止工作。

③动力电池在慢充模式，单体电池温度 $-20℃ < T \leqslant 1℃$，电池 PTC 加热系统启动工作，当单体电池温度 $\geqslant 20℃$，电池加热系统停止工作。

④动力电池加热启动后，若动力电池温度的变化量 $\geqslant 12℃$，冷却液温度与电池最高温度差 $\geqslant 14℃$，电池 PTC 加热关闭，水泵继续运转，开启匀热模式。若电池最高温度持续 10min 不变，匀热模式关闭，重启动力电池 PTC 加热系统。

4）动力电池温度监测由 BMS 完成，BMS 根据动力电池单体温度判定动力电池是否启动冷却，并发送冷却请求给 VCU，VCU 转发 BMS 上述信号至 AC 控制器（热管理控制器）。动力电池进行快充及慢充时，VCU 直接转发 BMS 的热管理请求。

5）行车状态下，VCU 接收到 BMS 发送的加热需求后，需要根据当前电池温度、暖风状态、车速等条件再次进行逻辑判断，从而发送不同热管理请求至 AC 控制器（热管理控制器）。

6）车辆处于 ON 档非充电状态下时，当动力电池单体温度超过上限值 $55℃$，车辆不进行动力电池冷却。

一般情况下，压缩机和动力电池水泵（P2）、PTC 加热水泵（P1）由 AC 控制器（热管理控制器），冷却风扇、电动水泵（P3）由 VCU 控制。但是，当空调面板有给 VCU 发送压缩机开机请求和功率请求时，风扇做低速运转。当空调面板给 VCU 发送风扇高速请求，VCU 控制风扇高速运转。

四 项目实施

⚑ 实施准备

安全防护：做好车辆安全防护与隔离（车辆挡块、警示隔离带、高压危险警示牌）
工具设备：数字万用表、绝缘检测仪、故障诊断仪
实训车辆：吉利 EV450
辅助资料：汽车原厂维修手册、原厂电路图

任务一　动力电池热管理系统认知

1）完成学生工作页背景知识。
2）标出图中乘员舱热管理系统各部件的名称，并在实车中找出。
3）标出图中电驱动热管理系统各部件的名称，并在实车中找出。
4）按图在实车中找出动力电池冷却回路各部件。
5）用故障诊断仪读取动力电池热管理系统的数据流并记录。

任务二　动力电池热管理系统 PTC 加热水泵检修

PTC 加热水泵不工作将导致空调制暖效果差，以及动力电池低温状态下（低于 −10℃）时，动力电池温升慢、电池输出功率受限等故障。PTC 加热水泵故障码见表 4-8。

ptc 加热水泵故障检修

表 4-8　PTC 加热水泵故障码说明

故障码	说明
B11917B	电加热水泵空载
B119197	电加热水泵堵转 / 过流
B119198	电加热水泵过流关闭
B119121	电加热水泵转速过低
B119113	电加热水泵开路

PTC 加热水泵电路如图 4-36 所示，检修步骤见表 4-9。

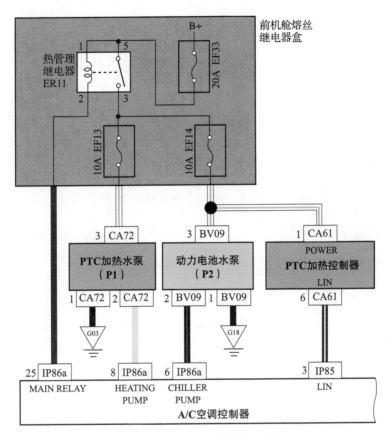

图 4-36 EV450 的 PTC 加热水泵电路

表 4-9 PTC 加热水泵检修步骤

步骤		操作	结果
1		用故障诊断仪读取故障码	
	A	连接故障诊断仪，把启动开关置于 ON 档	
	B	读取故障码	无，转步骤 2
	C	按故障码排除故障	
2		检查 PTC 加热水泵熔丝 EF13	
	A	把启动开关置于 OFF 档	
	B	拔下熔丝 EF13，检查是否熔断（10A）	否，转步骤 4
3		检修熔丝 EF13 线路	
	A	检修熔丝 EF13 线路是否有短路故障	是，检修线路，排除短路故障
	B	更换熔丝 EF13	
	C	确认 PTC 加热水泵是否正常工作	是，结束
4		检查 PTC 加热水泵电源线路	
	A	把启动开关置于 OFF 档	
	B	断开蓄电池负极，等待 90s 以上	

（续）

步骤		操作	结果
4	C	断开 PTC 加热水泵线束插接器 CA72	CA72加热水泵线束插接器
	D	测量熔丝 EF13 的 2 号端子与 PTC 加热水泵插接器 CA72/3 电阻（标准：小于 1Ω）	
	E	确认电阻是否符合标准	否，更换或维修线束或插接器
5		检查 PTC 电加热水泵与 A/C 控制器之间的线束	
	A	继开 A/C 空调控制器线束插接器 IP86a	
	B	测量 CA72/2 与 IP86a/8 之间的电阻（标准：小于 1Ω）	
	C	确认电阻是否符合标准	否，更换或维修线束或插接器
6		检查 PTC 加热水泵接地线路	
	A	测量 CA72/1 与车身接地的电阻（标准：小于 1Ω）	
	B	确认电阻是否符合标准	否，更换或维修线束或插接器
7		更换 PTC 电加热水泵	
	A	把启动开关置于 OFF 档	
	B	断开蓄电池负极，等待 90s 以上	
	C	更换 PTC 电加热水泵	
	D	确认故障是否排除	是，系统正常
8		更换 A/C 空调控制器	结束
	A	把启动开关置于 OFF 档	
	B	断开蓄电池负极，等待 90s 以上	
	C	更换 A/C 空调控制器	
	D	确认故障是否排除	是，系统正常

1）完成学生工作页背景知识。

①标出 PTC 加热回路各部件的名称并在实车中找出。

②查阅电路图，画出 PTC 加热水泵电路简图。

2）作业前准备（场地布置、防护装备检查穿戴、仪器设备检查、汽车防护三件套安装）。

3）记录车辆信息。

4）确认故障现象，读取故障码和数据流，分析故障范围。

5）制定故障检测步骤。

6）实施故障检测与排除。

7）活动总结评价。

任务三　动力电池热管理系统三通电磁阀检修

EV450整车热管理系统中有三个三通电磁阀控制冷却液的流向。三通电磁阀由A/C空调控制器通过LIN线控制。以三通电磁阀WV1为例，控制PTC加热冷却液流向空调加热器或热交换器，电磁阀故障将导致冷却液回路不能切换，不能切换到热交换器，动力电池就不能得到有效加热，影响动力电池的性能和充电效率。三通电磁阀的故障码见表4-10。

表4-10　三通电磁阀故障码说明

故障诊断代码	说明
B119501	水阀1故障
B119601	水阀2故障
B119701	水阀3故障

三通电磁阀电路如图4-37所示，故障检修步骤见表4-11。

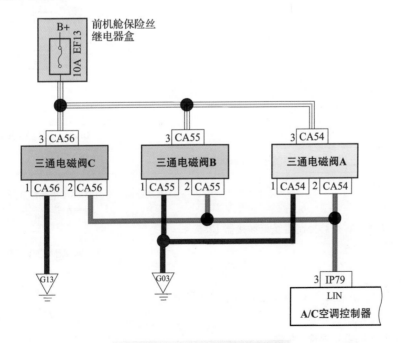

图4-37　EV450三通电磁阀电路

表 4-11　B119501（三通电磁阀 WV1）故障检修

步骤	操作		结果
1		用故障诊断仪读取故障码	
	A	连接故障诊断仪，把启动开关置于 ON 档	
	B	读取故障码	
	C	确认是否存在故障码	否，检查通信是否正常
2		检查三通电磁阀 WV1 熔丝 EF13	
	A	把启动开关置于 OFF 档	
	B	拔下熔丝 EF13，检查是否熔断（10A）	否，转步骤 4
3		检修熔丝 EF13 线路	
	A	检修熔丝 EF13 线路是否有短路故障	是，检修线路，排除短路故障
	B	更换熔丝 EF13	
	C	确认三通电磁阀 WV1 是否正常工作	是，结束
4		检查三通电磁阀 WV1 电源线路	
	A	把启动开关置于 OFF 档	
	B	断开蓄电池负极，等待 90s 以上	
	C	断开三通电磁阀 WV1 线束插接器 CA54	CA54 三通电磁阀线束插接器
	D	测量熔丝 EF13 的 2 号端子与三通电磁阀 WV1 插接器 CA54/3 之间的电阻（标准：小于 1Ω）	
	E	确认电阻是否符合标准	否，更换或维修线束或插接器
5		检查三通电磁阀 WV1 与 A/C 控制器之间的线束	
	A	继开 A/C 空调控制器线束插接器 IP85	IP85 A/C空调控制器线束插接器
	B	测量 CA54/2 与 IP85/3 之间的电阻（标准：小于 1Ω）	
	C	确认电阻是否符合标准	否，更换或维修线束或插接器

（续）

步骤		操作	结果
6		检查三通电磁阀 WV1 接地线路	
	A	测量 CA54/1 与车身接地的电阻（标准：小于 1Ω）	CA54 三通电磁阀线束插接器
	B	确认电阻是否符合标准	否，更换或维修线束或插接器
7		更换三通电磁阀 WV1	
	A	把启动开关置于 OFF 档	
	B	断开蓄电池负极，等待 90s 以上	
	C	更换三通电磁阀 WV1	
	D	确认故障是否排除	是，系统正常
8		更换 A/C 空调控制器	结束
	A	把启动开关置于 OFF 档	
	B	断开蓄电池负极，等待 90s 以上	
	C	更换 A/C 空调控制器	
	D	确认故障是否排除	是，系统正常

1）完成学生工作页背景知识。

①查阅电路图，画出三通电磁阀电路简图。

②用故障诊断仪读取三通电磁阀不同状态下数据流并记录。

2）作业前准备（场地布置、防护装备检查穿戴、仪器设备检查、汽车防护三件套安装）。

3）记录车辆信息。

4）确认故障现象，读取故障码和数据流，分析故障范围。

5）制定故障检测步骤。

6）实施故障检测与排除。

7）活动总结评价。

任务四　冷却风扇低速档不运转的故障检修

EV450 电驱动系统散热器与空调制冷系统冷凝器依靠两个冷却风扇强制散热。两个风扇分别由 VCU 通过一个低速档继电器和一个高速档继电器进行高低速控制，若冷却风扇不运转将导致电机、充电机温度过高、制冷压力偏高、制冷效果变差等故障。下面以冷却风扇低速档不运转故障为例进行检修，高速档不运转故障检修方法与其类似。

冷却风扇电路如图 4-38 所示，故障检修步骤见表 4-12。

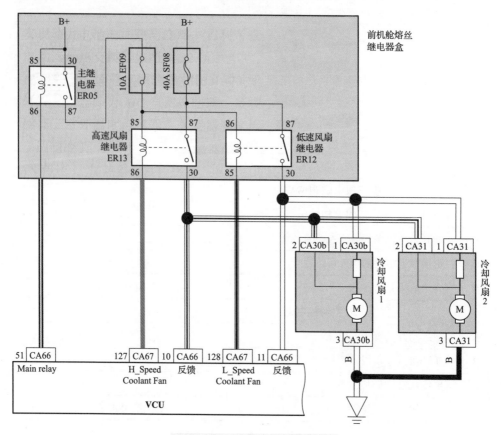

图 4-38　EV450 冷却风扇电路

表 4-12　冷却风扇故障检修步骤

步骤		操作	结果
1		查阅冷却风扇控制电路图	
2		检查整车控制器 VCU 熔丝 EF09、SF08	
	A	把启动开关置于 OFF 档	
	B	拔下熔丝 EF09，检查是否熔断（额定 10A）	是，检修熔丝线路，更换熔丝
	C	拔下熔丝 SF08，检查是否熔断（额定 40A）	是，检修熔丝线路，更换熔丝
3		检查冷却风扇电源与接地间电压	
	A	把启动开关置于 OFF 档	
	B	断开主冷却风扇线束插接器 CA30b	

（续）

步骤		操作	结果
3	C	断开主冷却风扇线束插接器 CA31	
	D	把启动开关置于 ON 档	
	E	用万有表电压档测 CA30b/1 与接地电压（标准：11~14V）	否，转步骤 4
	F	测量 CA30b/3 与接地电阻（标准：小于 1Ω）	否，更换接地线束，结束
	G	更换冷却风扇	结束
4		检查冷却风扇低速继电器 ER12	
	A	把启动开关置于 OFF 档	
	B	拔下冷却风扇低速继电器	
	C	把启动开关置于 ON 档	
	D	检查继电器插座 85 脚、86 脚电压（标准：11~14V）	是，更换继电器，结束
	E	检测继电器插座 86 脚与 VCU 插接器 CA67/128 电阻（标准：小于 1Ω）	 否，修理或更换线束，结束
5		检查主继电器 ER05	
	A	把启动开关置于 OFF 档	
	B	拔下主继电器 ER05	
	C	检查主继电器插座 85 脚、86 脚电压（标准：11~14V）	是，更换继电器，结束
	D	检测主继电器插座 86 脚与 VCU 插接器 CA66/51 电阻（标准：小于 1Ω）	否，修理或更换线束，结束
	E	更换 VCU	结束

1）完成学生工作页背景知识。

①查阅电路图，画出冷却风扇电路简图。

②用故障诊断仪读取冷却风扇数据流并记录。

2）作业前准备（场地布置、防护装备检查穿戴、仪器设备检查、汽车防护三件套安装）。

3）记录车辆信息。

4）确认故障现象，读取故障码和数据流，分析故障范围。

5）制定故障检测步骤。

6）实施故障检测与排除。

7）活动总结评价。

◎ 复习题

1. 选择题

（1）高温引起的电池内部分解副反应有（　　　）。

  A.SEI 膜分解　　　　　　　B. 负极与电解液反应　　　C. 电解液分解　　　　　D. 生成金属锂

（2）锂离子动力电池理想的工作温度为（　　　）。

  A.−10~0℃　　　　　　　B.0~20℃　　　　　　　　C.20~40℃　　　　　　D.40~60℃

（3）一般要求单体电池温差不超过（　　　）。

  A.3℃　　　　　　　　　　B.5℃　　　　　　　　　　C.10℃　　　　　　　　D.20℃

（4）吉利 EV450 动力电池热管理系统以（　　　）为控制目标。

  A. 动力电池入口温度　　　　　　　　　　　　B. 动力电池出口温度

  C. 散热器出口温度　　　　　　　　　　　　　D. 单体电池温度

（5）主流电动汽车动力电池的冷却方式为（　　　）。

  A. 风冷　　　　　　　　　B. 液冷　　　　　　　　　C. 直冷　　　　　　　　D. 热管

（6）动力电池热量通过（　　　）传给制冷系统。

  A.PTC 加热器　　　　　　B. 热交换器　　　　　　　C. 散热器　　　　　　　D. 蒸发器

（7）吉利 EV450 电驱动冷却水泵由（　　　）控制。

  A.A/C 空调控制器　　　　B.VCU　　　　　　　　　C.BCM　　　　　　　　D.BMS

（8）散热效率最高的冷却方式是（　　　）。

  A. 自然风冷　　　　　　　B. 强制风冷　　　　　　　C. 液冷　　　　　　　　D. 直冷

（9）吉利 EV450 三通电磁阀采用（　　　）控制。

  A. 开关　　　　　　　　　B. 继电器　　　　　　　　C.PWM　　　　　　　　D.LIN

（10）吉利 EV450 热交换电磁阀由（　　　）控制。

  A. A/C 空调控制器　　　　B.BMS　　　　　　　　　C.VCU　　　　　　　　D.DCDC

2. 简答题

  参照图 4-11 简述动力电池热管理的四种工作模式。

项目五　高压配电系统检修

◎项目导入

　　一辆 2018 款吉利帝豪 EV450 电动汽车出现无法上电、无法充电的故障现象。

　　你知道高压配电系统的组成和电气要求吗？你知道高压配电系统器件工作原理与检修方法吗？请你对高压配电系统高压回路故障、高压继电器无法闭合的故障进行诊断与排除。

◎教学目标

知识目标

1）掌握高压配电系统的组成和电气要求。

2）掌握高压配电系统器件的工作原理及检修方法。

3）掌握高压配电系统常见故障的检修流程。

能力目标

1）能正确认知高压配电系统的各组成部件。

2）能正确画出高压配电电路图，阐述高压配电控制策略。

3）能正确对高压配电系统常见故障进行诊断与排除。

一　高压配电系统概述

电动汽车电气系统主要包括高压配电系统、低压电气系统和 CAN 总线通信网络系统等，低压电气系统与传统车类似，为 12V 或 24V 的低压电气系统，普通乘用车通常是 12V 低压电气系统。高压配电系统负责将动力电池与驱动电机、PTC、电动空调压缩机、车载充电机、充电接口等各高压电气部件连接，完成高压电的输入输出。高压配电系统主要包括高压继电器、预充电阻、电流 / 电压传感器、高压线缆、接线板、熔丝、手动维修开关（MSD）、高压接插件等。一种典型的电动汽车高压电气系统架构如图 5-1 所示。

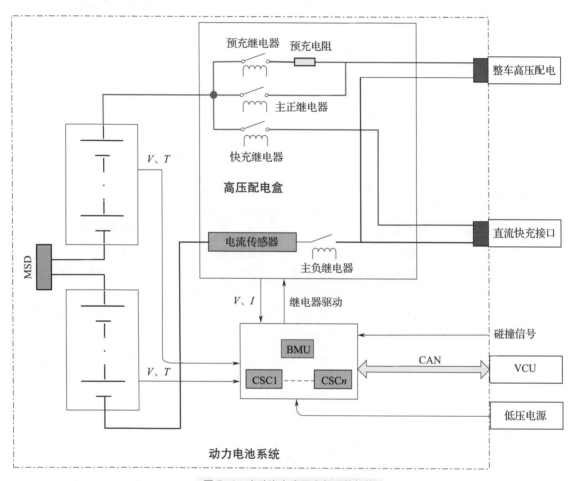

图 5-1 电动汽车高压电气系统架构

二 高压配电系统电气要求

电动汽车动力电池的额定电压通常较高，按 GB/T31466-2015《电动车辆高压系统电压等级》的规定，可选择 144V、288V、346V、400V、576V 等，因此要求高压配电系统除了满足电动汽车动力系统电能分配需求外，还需确保高压系统安全、可靠、稳定运行。电动汽车高压配电系统须符合相关的技术标准要求，这些技术要求主要包括：高压电气部件标识、高压电气绝缘与防护要求、高压电气耐压要求、接触防护要求、预充保护、安全泄压保护、过载与短路保护、高压电磁保护等。

1. 高压电气部件标识

GB/T18384.1—2015《电动汽车安全要求第 1 部分：车载可充电储能系统》的第 4 节对电动汽车标识和标记作出了明确的要求，要求动力电池包外部以及内部高压电气部件的第一可视面或者清晰醒目位置应设置高压危险标识，高压危险标识颜色底色为黄色，边框应使用黑色，如图 5-2 所示。为了能警示用户与维修人员在保养与维修过程中注意这些高压部件，要求高压线缆、高压连接器采用橙色，以起到区分和警示作用。

图 5-2　高压危险标识

2. 高压电气绝缘与防护要求

GB 18384—2020《电动汽车安全要求》对电动汽车高压电气回路绝缘性做出了规定，要求 B 级电路（AC:30V<U ≤ 1000V，DC:60V<U ≤ 1500V）在最大工作电压下，直流电路绝缘电阻应不小于 100Ω/V，交流电路绝缘电阻应不小于 500Ω/V，若是直流与交流的组合电路，要求绝缘电阻不小于 500Ω/V。

高压电气系统的绝缘性与使用环境密切相关，水、水蒸气、尘土等进入高压电气部件、高压插接器内部，会导致高压回路绝缘失效。因此，高压电气部件除了要满足绝缘要求外，还应满足防护要求。高压电气系统的带电部件应具有屏护防护功能，包括采用保护盖、防护栏、金属网板等来防止发生直接接触。这些防护装置应牢固可靠，并耐机械冲击。在不使用工具的情况下，它们不能被打开、分离。其中，带电部件在任何情况下都应由至少能提供 GB 4208—2017《外壳防护等级（P 代码）》中 IPXXD 防护等级的壳体来防护。第一个 X 代表防尘等级，有 0~6 共 7 个等级，6 最高；第二个 X 代表防水等级，有 0~8 共 9 个等级，8 最高，一般高压电气部件的防护等级需 IP65D 以上。

同时规定，高压连接器在不使用工具的情况下，应无法打开。高压连接器分开后，应满足 IPXXB 的防护等级要求。对于装有高压维修断开装置的车辆，高压维修断开装置在不使用工具的情况下，应无法打开或拔出。高压维修断开装置打开或者拔出后，其中的 B 级电压带电部分满足 GB 4208—2017 中规定的 IPXXB 的防护等级要求。充电插座满足 GB 4208—2017 中规定的 IPXXB 的防护等级要求。

此外，标准还要求高压电气系统要具备绝缘失效检测功能，一般通过动力电池管理系统 BMS 进行监测。

3. 高压电气耐压要求

依据 GB/T18488.1—2015《电动汽车用驱动电机系统 第 1 部分：技术条件》，高压线束或部件脱开情况下，对车体耐电压：AC2500V/50Hz/1min，漏电流不超过 10mA，不应发生介质击穿现象。

4. 接触防护要求

（1）直接接触防护要求　按 GB 18384—2020《电动汽车安全要求》，直接接触防护是指通过绝缘材料、外壳或遮栏实现人体与 B 级电压带电部件的物理隔离，外壳或遮栏可以是导体也可以是绝缘体。遮栏或外壳、连接器、高压维修断开装置（维修开关）提供直接接触触电防护，只能通过工具才能打开或者去掉；若遮栏或外壳、连接器、高压维修断开装置在不使用工具的情况下可以打开或者去掉，则要求有某种方法使其中的 B 级电压带电部分在遮栏或外壳、连接器、高压维修断开装置打开后 1s 内至少满足如下两种要求之一：交流电路电压的有效值应降到不超过 30V（AC）（rms），直流电路电压应降到不超过 60V（DC）；或 B 级电路存储总能量小于 0.2J。

（2）间接接触防护要求

1）绝缘阻值要求：按 GB 18384—2020《电动汽车安全要求》，在最大工作电压下，直流电路绝缘电阻应不小于 $100\,\Omega/V$，交流电路应不小于 $500\,\Omega/V$。如果直流和交流的 B 级电压电路可导电的连接在一起，则应满足绝缘电阻不小于 $500\,\Omega/V$ 的要求。

2）绝缘监测功能：车辆应有绝缘电阻监测功能，并能通过的绝缘监测功能验证试验。在车辆 B 级电压电路接通且未与外部电源传导连接时，该装置能够持续或者间歇地检测车辆的绝缘电阻值，当该绝缘电阻值小于制造商规定的阈值时，应通过一个明显的信号（例如声或光信号）装置提醒驾驶员，并且制造商规定的阈值应符合上述要求。进行绝缘监测功能验证试验时，车辆 B 级电压电路应处于接通状态，且绝缘监测功能或设备已启动。测试中将使用可调节电阻器（例如变阻箱等），可调节电阻器的最大电阻值 $\geqslant 10M\,\Omega$。

绝缘监测功能验证试验具体步骤如下：

a）在常温下，按照整车绝缘电阻测试方法（与前述动力电池包绝缘电阻测试方法一致），测出当前整车绝缘电阻值为 R_i，并记录较小测量电压 U_1' 所在的动力电池包（REESS）高压侧。

b）按照被测车辆的正常操作流程使车辆进入"可行驶模式"（高压上电）。

c）若步骤 a）中，U_1' 在动力电池包的正极端，则如图 5-3 所示，将可调节电阻器并联在动力电池包正极端与车辆电平台之间。相反，若 U_1' 在动力电池包的负极端，则将可调节电阻器并联在动力电池包的负极端与车辆电平台之间。开始测量时，可调节电阻器的阻值设置为最大值。

d）按照绝缘电阻值的要求，若最小绝缘电阻要求为 $100\,\Omega/V$，则将可调节电阻器的阻值减小到目标值 R_x，R_x 按照式 5-1 计算得到：

$$1/\left[1/(95U_{REESS})-1/R_i\right] \leqslant R_x \leqslant 1/\left[1/(100U_{REESS})-1/R_i\right] \qquad (5\text{-}1)$$

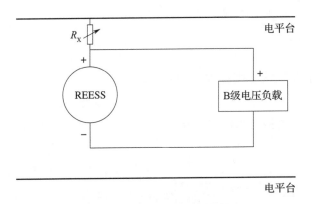

图 5-3　绝缘监测功能验证试验

最小绝缘电阻要求为 $500\,\Omega/V$，则将可调节电阻器的阻值减小到目标值 R_x，R_x 按照式 5-2 计算得到：

$$1/\left[\,1/\left(475U_{\mathrm{REESS}}\right)-1/R_{\mathrm{i}}\,\right] \leqslant R_{\mathrm{x}} \leqslant 1/\left[\,1/\left(500U_{\mathrm{REESS}}\right)-1/R_{\mathrm{i}}\,\right] \qquad (5\text{-}2)$$

式中，U_{REESS} 为动力电池包当前总电压，单位为伏（V）。

e）观察车辆是否有明显的声或光报警。

3）电位均衡要求：GB 18384—2020《电动汽车安全要求》规定了电位均衡要求，所有高压电气部件必须与整车电平台实现等电位连接，如图 5-4 所示。等电位连接所用的导体要求其颜色是黑色，便于维修和拆卸时辨认。等电位连接的螺栓或线束还需满足一定截面积大小的要求，一般要求等电位连接的导线或螺栓其截面积总和需大于等于动力电池系统中高压线缆截面积。此外要求所有的高压电气部件安装时应避免相互摩擦，防止发生绝缘失效。尤其是高压线缆的布置需要考虑安全间隙，并进行必要的固定和绝缘防护，应避免在行车过程中与可导电部件发生摩擦。等电位连接应满足以下要求：

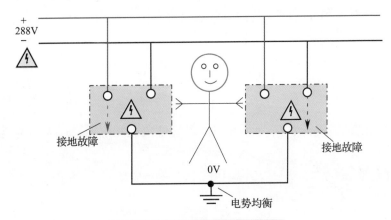

图 5-4　高压电器设备等电位连接

a）外露可导电部分与电平台间的连接阻抗应不大于 $0.1\,\Omega$；

b）电位均衡通路中，任意两个可以被人同时触碰到的外露可导电部分，即距离不大于 2.5 m 的两个可导电部分间电阻应不大于 $0.2\,\Omega$。

若采用焊接的连接方式，则视作满足上述要求。

5. 预充保护

由于整车端高压电气系统中存在大量的容性负载（尤其是逆变器），直接接通高压主回路的瞬间，电容相当于短路，高压回路会产生上万安培的高压电流冲击，导致高压继电器等部件损坏，为了避免接通瞬间的大电流冲击，高压电气系统需具有预充保护功能，如图 5-5 所示。

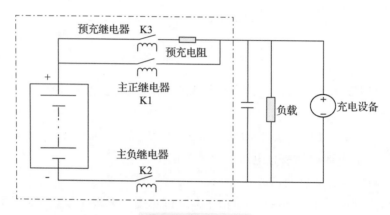

图 5-5　预充电电路

预充过程中，先闭合主负继电器 K2，再闭合预充继电器 K3，动力电池与预充电阻构成回路，降低了电流。当容性负载端电压达到动力电池端电压的 90% 以上时，接通主正继电器 K1，再切断预充继电器 K3，预充完成。通常，要求预充电时间不超过 1000ms，并且在短时间内的频繁上下电不能出现预充电阻过热损坏的现象。预充电过程中，动力电池管理系统（BMS）应能对整车端高压回路的绝缘、短路状态进行判断和失效保护。

预充电阻的选择由预充时间，容性负载的电容大小、预充完成负载端电压决定。

$$R = \frac{t}{C \times \ln\left(\dfrac{U_B}{U_B - U_t}\right)} \tag{5-3}$$

式中，U_B 为动力电池端电压；U_t 为预充完成时容性负载端电压；C 为容性负载电容；t 为预充完成时间。

假设动力电池系统端电压是 $U_B = 400\text{V}$，$U_t = 95\% U_B$，$C = 800\,\mu\text{F}$，预充完成时间 $t = 300\text{ms}$，则

$$R = \frac{0.3}{800 \times 10^{-6} \times \ln\left(\dfrac{400}{400 - 400 \times 0.95}\right)} = 125\,\Omega \tag{5-4}$$

6. 安全泄压保护

由于整车端高压电气系统中存在大量的容性负载，断开高压主回路之后仍存在较高的电压和残余电能。为避免可能带来的危害，通常要求整车高压电气系统具有主动能量泄放电路，当电动汽车正常下电或发生碰撞切断高压输出时，主动能量泄放电路应能在5s内降低高压母线电压至DC 60V以下，确保人员安全。有些车型还带有被动能量保护功能，在主动泄放失效情况，在2min内将高压母线电压降低至DC 60V以下。此外，为了确保高压作业安全，在电动汽车高压电路检修时，下电后要求等待5min并验电后再操作。

7. 过载与短路保护

高压电气系统中的所有零部件都必须满足典型使用工况的动力负载要求，并且能满足一定的过流能力，不允许规定的行驶工况条件下出现过热导致高压部件绝缘层熔化、烧蚀或者冒烟的情况。同时，应合理地控制过流时间，防止整个动力系统因为长时间过载而发生过热起火事件。当高压电气系统中发生瞬时大电流或者短路时，要求能自动切断高压回路，以确保高压附件设备不被损坏，避免发生电池的热失控，保证驾乘人员的安全。高压电气系统设计可以设置过载或短路的保护部件，例如设置熔断器等。

8. 高压电磁保护

高压线缆布置和接插件选型应考虑电磁兼容需求。高压线缆设计时，主回路动力线缆与信号线尽量采用隔离或分开布线；电池包外部连接用高压线缆、高压接插件选型要求接地和屏蔽隔离。

三 高压配电系统器件

1. 高压继电器

（1）高压继电器组成结构与工作原理　电动汽车在工作时，需要将动力电池与高压电气设备进行可靠连接与断开，由于高压回路存在高电压、大电流的状况，因此这个通断需要由高压继电器完成，如图5-6所示。

主副继电器　预充电继电器　主正继电器　预充电电阻

图5-6　高压继电器

　　高压继电器也称为高压接触器，是一种以低压小电流电路控制高压大电流电路的"自动开关"，低压驱动电路在电动乘用车中通常为12V的低压电路。高压继电器主要由低压线圈、活动铁心、绝缘壳体、回位弹簧、高压触点、高压接线柱、密封气室等组成，如图5-7、图5-8所示。当需要接通高压回路时，控制器给低压线圈供电时，活动铁心带高压触点向上运动，高压继电器闭合，接通高压回路；当需要断开高压回路时，控制器给低压线圈断电，活动铁心在回位弹簧的作用下复位，高压触点分离，断开高压回路。

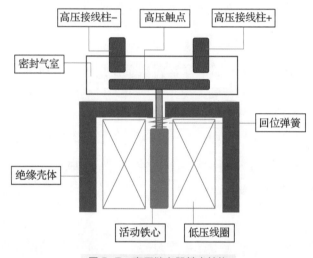

图5-7　高压继电器基本结构

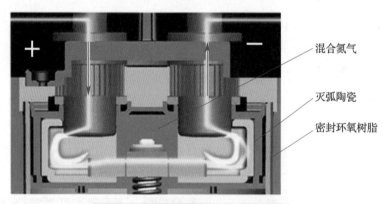

图5-8　高压继电器高压触点密封气室

　　高压继电器闭合运行期间不必一直提供较高功率，经常在成功闭合后将线圈电流降到一个维持量。这通常由高压继电器控制器通过一个频率为15~20kHz的PWM脉宽调制信号来实现。PWM控制信号的频率不能太低，否则会有嗡嗡的交流噪声，并且可能会导致触点产生微小移动而损坏。

　　根据车型及动力系统的不同，电动汽车上所使用的高压继电器规模与形式也存在较大差异步。通常一辆电动汽车需配备5~8只高压继电器：2个主继电器、1个预充继电器、2个快充继电器、2个普通充电继电器和1个高压系统辅助设备继电器，如图5-9所示。

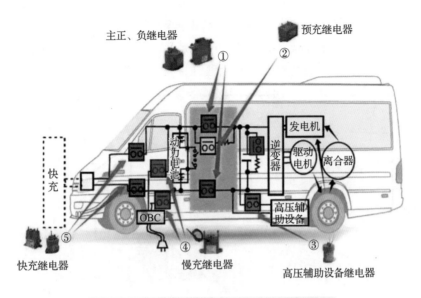

主正、负继电器　　　　　预充继电器

① ②

发电机

逆变器

驱动
电机

离合器

动力电池

快充

高压辅助设备

⑤ ④ ③

OBC

快充继电器　　　　　慢充继电器　　　　高压辅助设备继电器

图 5-9　电动汽车高压配电系统配备的高压继电器

（2）高压继电器的基本要求　电动汽车工况多变，高压上电或充电时会产生冲击电流，加速行驶会产生过载电流，短路时会产生短路电流，要保证高压继电器的可靠接通、快速分离，要求高压继电器要耐高压、耐负载、抗冲击、分断能力强和灭弧能力强。

1）耐高压。电动汽车的工作平台电压都较高，因此要求高压继电器能够承受较高的工作电压，并且在高压带载中实现可靠的闭合与断开。

2）耐负载。电动乘用车驱动电机的额定功率一般在 30kW 以上，以 300V 高压电平台为例，其额定工作电流为 100A，急加速等超负荷工况时，电流可达 200A 以上，因此要求高压继电器的耐负载能力要强，要具备额定负载电流数倍的瞬时过载能力。

3）抗冲击。由于电动汽车高压回路带有较大的容性负载，高压继电器开关触点断开瞬间，容性负载产生巨大冲击电流，这个电流一般是负载额定电流的数倍至数十倍。这个冲击电流极易导致高压继电器触点粘连，触点分离失效，高压无法下电。高压继电器需具备较强的抗冲击电流能力。

4）分断能力强。汽车在运行过程中使用工况复杂，在紧急情况下，如电气系统短路时，回路中的瞬间电流骤升，此时要求继电器在极限大电流下能够顺利地切断电路，而不发生触点粘连或继电器爆炸等异常状况，防止电池过放短路起火或爆炸的安全危害。这就要求继电器触点具有良好的抗冲击和抗粘连的能力。

5）灭弧能力强。电弧是高压继电器触点闭合与分断动作过程中不可避免的问题，它大大降低了高压继电器触点的使用寿命。采用一些特殊的快速灭弧手段降低电弧能量，可减少对继电器触点的损害，延长产品的使用寿命。目前高压继电器灭弧的最主要形式有三种，分别是将高压触点置于密封气室、密封气室抽真空或充注惰性气体，据此高压继电器可分为真空型和充气型两种。真空型高压继电器的真空状态只是理想状态，实际会残留一些杂氧，杂氧在有电弧情况下和铜电极生成氧化铜，接触电阻增大，继电器有失效风险。充气型高压继电器是目前采用的主要形式，常用的充注气体为氢气、氮气和氟化硫。充气除了对电弧有收缩作用，还可以起到冷却和有效防止开关材料腐蚀的作用。

还有一种灭弧的措施就是利用磁吹的原理给开关触点设置灭弧磁铁。磁吹的原理就是利用电弧在洛伦兹力的作用下，向两边的灭弧区移动，从而达到灭弧的效果，如图 5-10 所示。

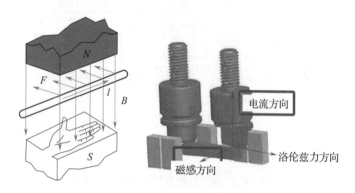

图 5-10 磁吹灭弧原理

要注意，当灭弧磁场垂直于负载电流方向时，正向电流使得电弧向外偏离，起到灭弧作用，但反向电流会使电弧向中心聚集，电弧加强，触点被烧蚀。因此高压继电器在使用、更换时，正、负接线柱不得接反，如图 5-11 所示。在有些高压继电器中通过调整灭弧磁场的方向，将电弧尽量向接线柱两侧引，防止反向电流烧毁触点。

图 5-11 反向电流对磁吹灭弧的影响

（3）高压继电器诊断与维修

1）电器线圈故障不能产生磁力。使用万用表测量继电器线圈电阻，检查其阻值是否正常，正常阻值在 50Ω 左右（具体值需查询对应车型的标准值）。如果不正常需要更换继电器总成；还可以使用加电测试的方法对继电器线圈进行检测，具体方法是利用外部电源给继电器线圈通电，观察继电器是否有吸合的声音，如果有，说明继电器线圈正常。

2）继电器触点烧蚀或触点粘连。在继电器线圈不供电时，测量高压触点的两个连接点之间电阻正常值应该为无穷大；给继电器线圈供电后，测量高压触点的两个连接点之间电阻正常值应该小于 1Ω 。如果测量值不正确，需要更换继电器总成。

2. 高压熔丝

高压熔丝又称为高压熔断器，主要是在高压回路发生过载或短路现象时，对高压线缆及高压电气设备起到安全保护作用，避免出现动力电池、高压线缆等过热爆炸或起火。高压熔丝外部为耐高温的陶瓷包裹，熔丝材料主要是由铝锑合金等低熔点合金制成。当高压回路的电流超过额定电流后，熔丝金属材料温度会升高，当升高到熔点温度后熔断，起到保护作用。车用高压熔丝选型需根据熔丝的工作环境温度、负载电流、短路电流、额定电压和尺寸等进行选择。一般来说，要求高压熔丝的额定电压大于动力电池系统最高工作电压，额定电流为高压回路负载电流的 1.5~3 倍。图 5-12 为电动汽车使用的额定电压 500V、额定电流 200A 的高压熔丝。

图 5-12　高压熔丝

高压熔丝一般安装在动力电池内部、高压配电盒内部以及某些控制模块内部（如电动空调压缩机、PTC）等。高压熔丝好坏的判断可以通过万用表测量电阻或者电压的方法，高压熔丝两端正常阻值应该小于 1Ω ，在通电情况下熔丝两端电压应该相同。如果熔丝异常，更换单独的熔丝或零部件总成。注意：有些熔丝容许单独更换，如高压配电盒内的熔丝；有些熔丝在高压用电设备内部，由于涉及高压密封、高压安全等问题，不允许单独更换熔丝。

3. 高压线缆及插接器

（1）高压线缆　电动汽车高压线缆的主要用于连接高压动力电池、逆变器、电动空调压缩机、三相发电机和电动机、PTC 等高压用电设备，传输电能，如图 5-13 所示。因高压电缆承载的电流较大，故高压线缆的线径比较大；电动汽车高压线缆要在车内的较小空间布置，必须有良好的柔软性；高压线缆处于车上的高振动环境，必须有良好的耐磨性；高压线缆尽量布置于车底，做好防电磁干扰和屏蔽，而且必须有良好的机械防护和固定。

图 5-13　电动汽车高压线缆

高压线缆分为带屏蔽层和不带屏蔽层两种，带屏蔽高压线缆主要用于电流方向和大小交替变换的电路中，如电动汽车的驱动电机的高压线缆。考虑到防止对其他电路产生电磁干扰和电磁辐射，电动汽车大部分的高压线缆为带屏蔽高压线缆。

如图 5-14 所示，带屏蔽层的高压线缆由导体、绝缘层、屏蔽层（带隔离层）、护套组成。高压线缆护套为橙色，警示操作人员属于高压元器件，操作时注意防止高压电击。高压线缆的外保护套包括波纹管和热缩套，波纹管同样为橙色，热缩套采用不同的颜色对线缆极性进行区分，正极为红色，负极为蓝色，U 相为黄色，V 相为绿色，W 相为红色。

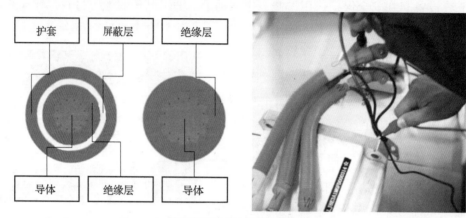

图 5-14　高压线缆结构

高压线缆的导体采用圆形裸铜线，分为单芯和多芯，电流越大导体的截面积越大。金属导体包裹有绝缘材料，为耐热 120~200℃级别的无卤素 XLPE 交联聚乙烯绝缘材料。护套多为耐热 105~180℃的环保 TPE 材料。高压线缆应该具有抗干扰、易于弯折、环保阻燃、耐油等特点。

高压线缆的故障形式主要有断路、短路、接触不良和绝缘故障。

1）断路：高压线缆断路会导致电力传输中断，首先检查高压线缆外观有没有破损，插头是否插牢，如果高压线缆外观正常的话，可以使用万用表电阻档测量导线两端的阻值来检查导线的好坏。高压线缆正常阻值应该小于 1Ω，如果阻值过大需要更换高压线缆。

2）短路：当动力电池供电系统的主熔丝断路的时候，在更换熔丝之前我们需要检查高压线是否存在短路故障。当电动汽车动力系统的高压线缆短路时，会导致动力电池瞬间大电流放电，此时动力电池和高压线束的温度迅速升高，将会导致动力电池高压主熔丝断路。

3）接触不良：高压线缆接触不良会导致线束或者插头出现异常发热的情况。当线束或插头出现异常发热时，需要检查其是否存在接触不良故障。根据情况进行修复或者更换。

4）绝缘故障：高压线缆绝缘故障时，首先检查高压线缆外观有没有破损，如果没有破损的话，使用绝缘电阻表测量高压线缆车身搭铁间绝缘阻值，正常值大于 20MΩ。

（2）高压插接器　高压插接器是一种借助于电信号或机械力的作用使电路接通、断开的功能性元件，由固定端电插接器（插座），自由端电插接器（插头）组成，如图 5-15 所示。

高压插接器结构一般包括接触对、密封圈、对接锁止机构、支架、外壳、定位机构、高压互锁机构、屏蔽机构、绝缘结构等。一般的端接方式有焊接、压接、过孔连接、螺钉连接等。安装方式也多种多样，包括面板式、电缆式、螺母式、穿墙式等。总体结构上需要考虑操纵适宜性，包括操纵空间大小、防误操纵结构、连接到位指示等。内部结构需要考虑接触件的可拆卸性、接触件的种类和结构形式等。

图 5-15 电动汽车高压插接器

高压插接器的性能应符合 SAE J1742 标准的要求，插接器与所连接电气设备的插座匹配，除了线环、铜接头外，还应具有主动锁止功能，在拆卸时注意解除锁止功能。高压插接器在结合状态时，一般防护等级不小于 IP65。

4. 手动维修开关 MSD

手动维修开关（Manual Service Disconnect，MSD）是保证高压电气安全的关键部件之一，是实现高压系统电气隔离的执行部件，在关键时刻用于切断高压动力回路，以保障维修和驾乘人员安全。通常会将主回路的高压熔丝内置于 MSD 中，如图 5-16 所示。

当需要进行维修时，拔出 MSD 就可以有效地物理切断动力电池系统的高压输出，从而保障维修人员的安全；在运行过程中，如果发生短路则可以起到熔断保护的作用。MSD 在高压电气系统中的布置位置要兼顾在整车上的安装和插拔空间的便利性，主要两种方式，如图 5-17 所示。一种是布置在高压电气回路的电池模组中心附近，在整车上通常布置在扶手箱下方，拆卸扶手箱后可拔出，如比亚迪 E5，也有些车型布置于座椅下方的地板上。另一种是布置在高压电气回路的正极附近，如特斯拉 Model S60。

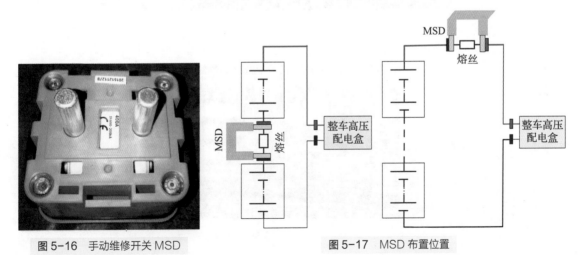

图 5-16 手动维修开关 MSD

图 5-17 MSD 布置位置

手动维修开关的主要故障如下：

（1）维修开关断路或接触不良　手动维修开关断路会导致动力电池没有高压输出，可以利用万用表电阻档测量维修开关的两个金属插头的阻值来检查开关的好坏，维修开关正常阻值应该小于 1Ω，如果阻值过大需要更换维修开关。维修开关接触不良会导致动力电池输出电压低，可能会导致用电设备工作不正常。当动力电池有高压输出时，如果维修开关异常发烫，说明维修开关接触不良，需要更换维修开关。

（2）主熔丝断路　主熔丝断路会导致动力电池没有高压输出，当主熔丝断路时，需要检查动力电池主高压回路是否存在短路故障。

5. 高压配电盒

电动汽车通常将高压电气系统的主正继电器、主负继电器、预充继电器、预充电阻、熔丝、电流传感器、继电器监测采集线、总电压采集线等集成于一个电箱内，完成动力电池电源的输出与分配，称之为高压配电盒。不同车型的高压配电盒组成与布置位置不同，有的车型独立成一总成，安装于前机舱内，如比亚迪 E6、北汽 EV160 等，北汽 EV160 还集成了空调暖风加热器控制模块，如图 5-18、图 5-19 所示。

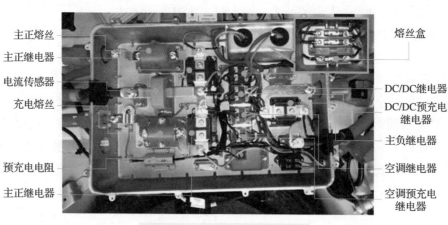

图 5-18　比亚迪 E6 高压配电盒

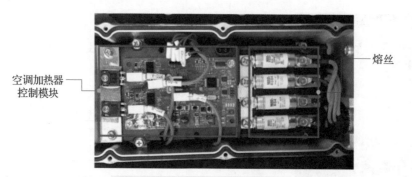

图 5-19　北汽 EV160 高压配电盒

有的车型将高压分配盒与其他控制器集成，如比亚迪 E5 将高压配电盒与 VTOG 双向交流逆变式电机控制器、车载充电机 OBC、DC/DC 变换器集成为高压电控总成，如图 5-20 所示。

图 5-20　比亚迪 E5 高压电控总成

吉利 EV450 将高压配电盒（B-BOX）安装于动力电池包内，动力电池包输出的高压在车载充电机内进行分配，如图 5-21 所示。

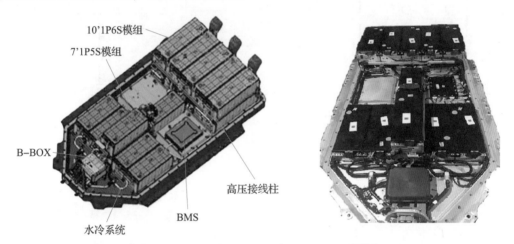

图 5-21　吉利 EV450 高压配电盒 B-BOX 位置

（四）比亚迪 E5 高压配电系统

比亚迪 E5 电动汽车高压配电系统包括动力电池包、高压电控总成、PTC、压缩机、驱动电机和交直流充电插座，高压电气连接如图 5-22 所示。其中，高压电控总成集成了双向交流逆变式电机控制器（VTOG）、车载充电机（OBC）、DC/DC 变换器和高压配电模块、漏电传感器；动力电池包内包含分压接触器 2 和 3，正极接触器 1 和负极接触器 4；高压配电模块内包括主接触器 7、交流充电接触器 8、预充接触器 9、直流充电正极接触器 5 和直流充电负极接触器 6，如图 5-23~ 图 5-25 所示。

如图 5-26 所示，比亚迪 E5 高压电控总成侧面有 DC/DC 连接端口，与低压铁电池并联，为整车提供 13.8V 低压工作电源。32A 熔丝为电动空调压缩机和 PTC 供电线路提供熔断保护。

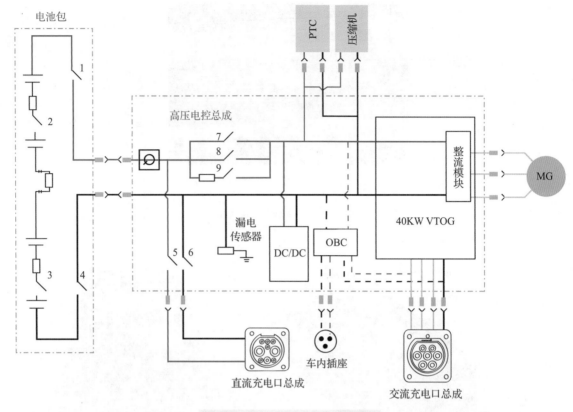

图 5-22　比亚迪 E5 高压配电系统

1—正极接触器　2—电池包分压接触器 1　3—电池包分压接触器 2　4—负极接触器
5—直流充电正极接触器　6—直流充电负极接触器　7—主接触器　8—交流充电接触器　9—预充接触器

图 5-23　比亚迪 E5 动力电池包端高压连接端口

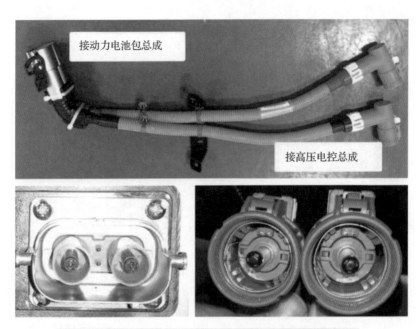

图 5-24　比亚迪 E5 动力电池包高压母线（带压互锁端子）

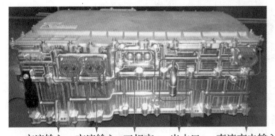

交流输入　交流输入　三相交　出水口　直流充电输入
L2、L3相　N、L1相　流输出

图 5-25　比亚迪 E5 高压电控
总成高压连接端口 1

DC/DC低压输出　　32A空调熔丝

图 5-26　比亚迪 E5 高压电控总
成高压连接端口 2

　　图 5-27 为高压电控总成侧面电动压缩机高压输出接口、PTC 输出接口、动力电池包高压输入接口，图 5-28 为高压电控总成内部组成与结构。

33PIN低压接插件

电动压缩机

PTC　电池包高压直流输入

图 5-27　比亚迪 E5 高压电控总成高压连接端口 3

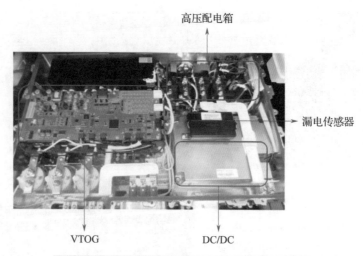

图 5-28　比亚迪 E5 高压电控总成内部组成与结构

　　如图 5-29 所示，比亚迪 E5 高压配电盒内包括铜排连接片、继电器、霍尔电流传感器、预充电阻，以及动力电池包正、负极输入等，继电器由电池管理系统 BMS 控制。

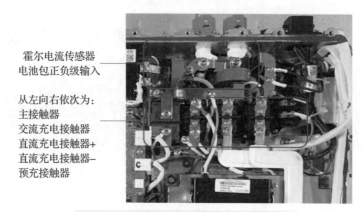

图 5-29　比亚迪 E5 高压配电盒组成与结构

　　图 5-30 和表 5-1 为比亚迪 E5 高压电控总成低压插接器 2（PIN33）及端子定义。

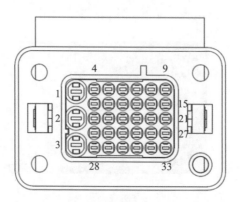

图 5-30　比亚迪 E5 高压电控总成低压插接器 2（PIN33）端子

表 5-1　比亚迪 E5 高压电控总成低压插接器 2（PIN33）端子定义

引脚号	端口名称	端口定义	线束接法	电源性质及电压标准值	备注
4		VCC 双路电电源		双路电（+12V）	
5		VCC 双路电电源			
8		GND 双路电电源地		双路电	
9		GND 双路电电源地			
10		GND	直流霍尔屏蔽地		
13	GND	GAN 屏蔽地			
14		CAN_H	动力网		
15		CAN_L	动力网		
16		直流霍尔电源 +	BMS		
17		直流霍尔电源 −	BMS		
18		直流霍尔信号	BMS		
20		一般漏电信号	BMS		
21		严重漏电信号	BMS		
22	驱动 / 充电	高压互锁 +	BMS		
23		高压互锁 −			
24		主接触器 / 预充接触器电源		双路电	
25		交直流充电正负极接触器电源		双路电	
29		主预充接触器控制信号	BMS		
30		直流充电负极接触器控制信号	BMS		
31		直流充电负极接触器控制信号	BMS		
32		主接触器控制信号	BMS		
33		交流充电接触器控制信号	BMS		

图 5-31 和表 5-2 为比亚迪 E5 高压电控总成低压插接器 1（PIN64）及端子定义。

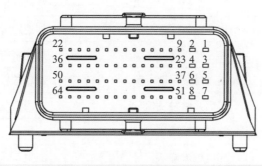

图 5-31　比亚迪 E5 高压电控总成低压插接器 1（PIN64）端子

表 5-2　比亚迪 E5 高压电控总成低压插接器 1（PIN64）端子定义

引脚号	端口名称	端口定义	线束接法	电源性质及电压标准值	备注
1	+12V	外部提供 ON 档电源	双路电	双路电	
2	+12V	外部提供常火电	常电	常电	
4	+12V	外部提供 ON 档电源	双路电	双路电	
6	GND	加速踏板深度屏蔽地	车身地		
7	GND	外部电源地	车身地		
8	GND	外部电源地	车身地		
10	GND	巡航地			
11	GND	充电枪温度 1 地（标准）	充电口		
12	MES-BCM	BCM 充电连接信号	BCM		
13	NET-CCI	充电控制信号 1（标准）	充电口		
14	CRUISE-IN	巡航信号	方向盘		
15	STATOR-T-IN	电机绕组温度	电机		
16	CHAR-TEMP1	充电枪座温度信号 1（标准）	充电口		
17	DC-BRAKE1	制动踏板深度 1	制动踏板		
18	DC-GAIN2	加速踏板深度 2	加速踏板		
19	MES-BMS-OUT	BMS 信号	BMS		
26	GND	动力网 CAN 信号屏蔽地	充电口		
29	GND	电机模拟温度地	电机		
31	DC-BRAKE2	制动踏板深度 2	制动踏板		
32	DC-GAIN1	加速踏板深度 1	加速踏板		
37	GND	制动踏板深度屏蔽地			
38	+5V	制动踏板深度电源 1	制动踏板		
39	+5V	加速踏板深度电源 2	加速踏板		
40	+5V	加速踏板深度电源 1	加速踏板		
41	+5V	制动踏板深度电源 2	制动踏板		
44		车内插座触发信号	车内插座		
45	GND	旋变屏蔽地	电机		
47	NET-CP	充电电流确认信号（国标 CP）	充电口		
49	CANH	动力网 CANH	动力网 CANH		

（续）

引脚号	端口名称	端口定义	线束接法	电源性质及电压标准值	备注
50	CANL	动力网 CANL	动力网 CANL		
51	GND	制动踏板深度电源地 1	制动踏板		
52	GND	加速踏板深度电源地 2	加速踏板		
54	GND	加速踏板深度电源地 1	加速踏板		
55	GND	制动踏板深度电源地 2	制动踏板		
57	IN–FEET–BRAKE	制动信号	制动踏板		
59	/EXCOUT	励磁 –	电机		
60	EXCOUT	励磁 +	电机		
61	COS+	余弦 +	电机		
62	COS–	余弦 –	电机		
63	SIN+	正弦 +	电机		
64	SIN–	正弦 –	电机		

五　项目实施

▷ 实施准备

安全防护：做好车辆安全防护与隔离（车辆挡块、警示隔离带、高压危险警示牌）

工具设备：数字万用表、绝缘检测仪、故障诊断仪

实训车辆：吉利 EV450

辅助资料：汽车原厂维修手册、原厂电路图

高压部件认知

任务一　高压配电系统认知

吉利 EV450 电动汽车的高压配电系统如图 5-32 所示，包括动力电池包、车载充电机及分线盒总成、压缩机、PTC、电机控制器总成、驱动电机和交直流充电插座。高压分配单元（B-BOX）集成于动力电池包内，由主正继电器、主负极继电器、主预充继电器、预充电阻、直流充电预充继电器、直流充电预充电阻和直流充电正极继电器组成。高压分配单元（B-BOX）内所有继电器均由动力电池管理系统 BMS 控制，根据整车上电、交流充电、直流充电等不同工作状态需求，吸合相应的继电器，进行高压配电管理，如图 5-33 所示。

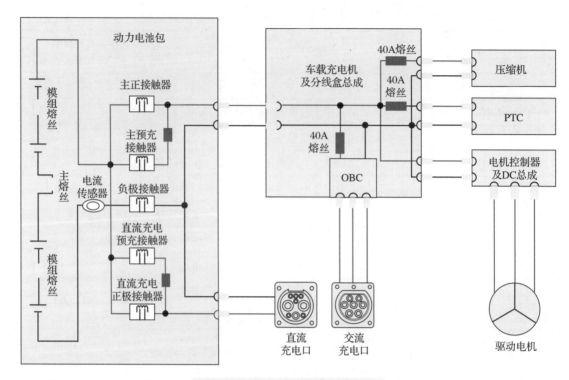

图 5-32　吉利 EV450 高压配电系统

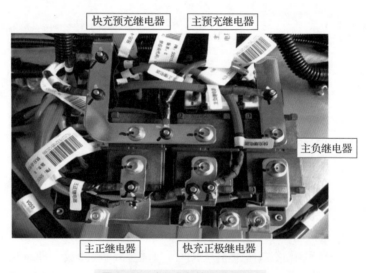

图 5-33　高压分配单元 B-BOX

　　如图 5-34 所示，车载充电机分线盒位于车辆前机舱。图 5-35 为动力电池包端动力电池高压输出插座 BV16（总 +、总 -）和直流充电输入插座 BV23（快充 +、快充 -）。注意，在吉利 EV450 中，高压线缆插接器有两种类型，如图 5-36 所示。对第一类高压线束插接器进行拆卸时，用手或螺钉旋具轻撬助力手柄锁扣，将助力手柄脱出锁头，然后缓慢向上抬高助力手柄，插接器会慢慢退出，当助力手柄完全垂直时，插接器全部处于拔出状态。拆卸第二类高线束插接器时，首先按住部件①，将插接器向外拔，听到咔响声后停止，然后按住部件②，将插接器完全拔出。

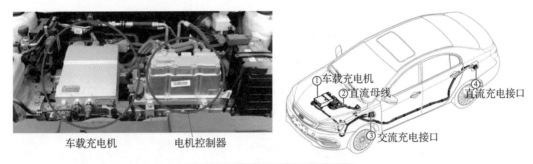

图 5-34　车载充电机分线盒位置

图 5-35　动力电池包高压连接插座

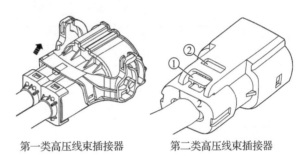

图 5-36　两种类型高压线束插接器

1）完成学生工作页背景知识。

2）在图中填入 EV450 高压配电系统各高压部件的名称及插接器编号。

3）在 EV450 实车上认知各高压部件。

空调压缩机高压
熔丝故障检修

任务二　高压配电系统高压回路检修

吉利 EV450 高压配电系统高压配电单元 B-BOX 安装于动力电池包内，动力电池高压通过高压配电单元 B-BOX 从高压连接插座 BV16 输出。动力电池高压通过高压线缆连接到车载充电机分线盒高压连接插座 BV17。车载充电机分线盒的作用类似于低压供电系统中的熔丝盒，通过 3 个 40A 的熔丝 HF03、HF04、HF05 将高压电分配到电机控制器 PEU、PTC 加热器和电动空调压缩机。此外，交流慢充插座也通过车载充电机分线盒连接动力电池，给动力电池充电。车载充电机分线盒内 40A 熔丝对高压回路起到保护作用，当高压回路电流超过 90A 时，熔丝会在 15s 内熔断；超过 150A 时，会在 1s 内熔断。

图 5-37 车载充电机分线盒高压配电线路图，车载充电机分线盒与动力电池的高压插接器分别为 BV16、BV17，与电机控制器的高压插接器分别为 BV28、BV29，与 PTC 加热控制器的高压插接器分别为 BV32、BV33（1、2 号端子），与电动空调压缩机的高压插接器分别为 BV30、BV33（3、4 号端子），与交流充电插座的高压插接器分别为 BV27、

BV24（1、4、5 号端子）。

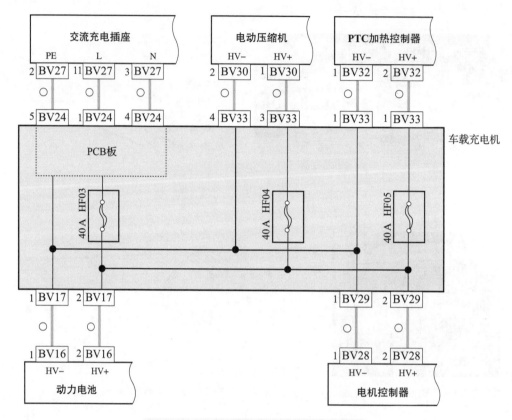

图 5-37　车载充电机分线盒高压配电线路图

EV450 高压配电系统高压回路故障将导致车辆无法上电、无法充电、报高压互锁故障等。高压回路故障的主要形式为高压回路绝缘故障、断路故障和相互短路故障，各高压回路故障检修的原理是一样的，下面以电机控制器高压回路故障为例进行检修，见表 5-3。

表 5-3　电机控制器高压回路故障检修

步骤	操作	结果
1	查阅电机控制器高压回路电路图	

（续）

步骤		操作	结果
2		使用故障诊断仪读取故障码	
	A	连接故障诊断仪，把启动开关置于 ON 档	
	B	读取故障码	P158D-01：主回路高压互锁故障 P1590：高压回路断路
3		检查电机控制器高压回路绝缘故障	
	A	把启动开关置于 OFF 档	
	B	拆下蓄电池负极，做好绝缘防护	
	C	断开直流母线插接器 BV16，等待 5min	BV16 动力电池线束插接器1
	D	断开电机控制器插接器 BV28	BV28 接PEU线束插接器
	E	用绝缘检测仪测量电机控制器插接器 BV28/1、BV28/2 分别与分线盒盖电阻（标准≥ 20MΩ）	
	F	确认绝缘阻值是否符合标准	是，转入步骤 5
4		检测电机控制器到车载充电机分线盒高压线束绝缘性	
	A	断开电机控制器插接器 BV29	BV29 电机控制器车载充电机线束插接器2
	B	用绝缘检测仪测量电机控制器连接器 BV28/1、BV28/2 分别与分线盒盖电阻（标准≥ 20MΩ）	
	C	确认绝缘阻值是否符合标准	否，更换高压线束
5		检查其他高压回路绝缘故障	
	A	确认是否其他高压回路绝缘故障	是，修理或更换线束

（续）

步骤		操作	结果
6		检查电机控制器高压回路断路故障	
	A	把启动开关置于 OFF 档	
	B	拆下蓄电池负极，做好绝缘防护	
	C	断开直流母线插接器 BV16，等待 5min	
	D	断开电机控制器插接器 BV28	
	E	用万用表测量电机控制器插接器 BV28/1、BV28/2 分别与 BV16/1、BV16/2 电阻（标准 <1Ω）	
	F	确认电阻是否符合标准	是，转入步骤 7
	G	断开车载充电机分线盒插接器 BV29	
	H	用万用表测量电机控制器插接器 BV28/1、BV28/2 分别与 B29/2、BV29/1 电阻（标准 <1Ω）	
	I	确认电阻是否符合标准	否，更换线束
	J	断开车载充电机分线盒插接器 BV17	
	K	用万用表测量电机控制器插接器 BV16/1、BV16/2 分别与 B17/1、BV17/2 电阻（标准 <1Ω）	
	L	确认电阻是否符合标准	否，更换线束
	M	更换车载充电机分线盒	检修结束
7		检查回路相互短路故障	
	A	断开 BV28 和 BV29	
	B	用万用表测量电机控制器插接器 BV28/1 和 BV28/2 电阻（标准 ≥ 20MΩ）	
	C	确认电阻是否符合标准	否，更换高压线束
	D	断开 BV16 和 BV17	
	E	用万用表测量电机控制器插接器 BV16/1 和 BV16/2 电阻（标准 ≥ 20MΩ）	
	F	确认电阻是否符合标准	否，更换高压线束

1）完成学生工作页背景知识。

①查阅电路图，画出 EV450 高压配电系统电路图。

②在实车中找出电机控制器高压回路和动力电池高压回路。

2）作业前准备（场地布置、防护装备检查穿戴、仪器设备检查、汽车防护三件套安装）。

3）记录车辆信息。

4）确认故障现象，读取故障码和数据流，分析故障范围。

5）制定故障检测步骤。

6）实施故障检测与排除。

7）活动总结评价。

任务三　高压配电系统继电器故障检修

EV450 高压配电系统高压继电器故障将导致车辆无法上电、无法充电等故障。高压回路继电器故障的主要形式为无法闭合故障、触点粘连故障，下面以主正继电器无法闭合故障为例，对高压供电不正常故障进行诊断与排除，见表 5-4。

表 5-4　主正继电器无法闭合故障检修

步骤		操作	结果
1		用故障诊断仪读取故障码	
	A	连接故障诊断仪，把启动开关置于 ON 档	
	B	读取故障码	P1539-07：主正继电器无法闭合
2		拆卸动力电池包	
	A	把启动开关置于 OFF 档	
	B	拆下蓄电池负极，做好绝缘防护	
	C	断开直流母线插接器 BV16，等待 5min	
	D	按动力电池包更换操作流程拆下动力电池包	
3		检查主正继电器	
	A	检查 BMS 主正继电器监测采集线束是否连接牢固，是否断路或短路	是，维修或更换线束
	B	用万用表测量主正继电器线圈电阻（标准 50Ω 左右）	
	C	确认主正继电器线圈电阻是否符合标准	否，更换主正继电器
	D	拆下主正继电器	
	E	用万用表测量主正继电器不工作时正、负接线柱电阻（标准 ∞）	
	F	确认电阻是否符合标准	否，更换主正继电器
	G	给主正继电器控制线圈连接 12V 工作电压，用万用表测量主正继电器正、负接线柱电阻（标准 <1Ω）	
	H	确认电阻是否符合标准	否，更换主正继电器

1）完成学生工作页背景知识。

①查阅维修手册，熟悉高压配电系统相关的故障码及故障原因。

②用故障诊断仪读取高压配电系统相关故障码及上、下电过程中的状态流据流。

2）作业前准备（场地布置、防护装备检查穿戴、仪器设备检查、汽车防护三件套安装）。

3）记录车辆信息。

4）确认故障现象，读取故障码和数据流，分析故障范围。

5）制定故障检测步骤。

6）实施故障检测与排除。

7）活动总结评价。

◎ 复习题

选择题

（1）EV450 高压配电盒 B-BOX 安装在（　　　）。

    A. 动力电池包内　　　　　　　　B. 高压电控总成 VTOG 内

    C. 前机舱内　　　　　　　　　　D. 低压蓄电池内

（2）EV450 动力电池包的高压输出插接器是（　　　）。

    A.BV16　　　　　　B.BV17　　　　　　C.BV28　　　　　　D.BV30

（3）EV450 的主正继电器安装于（　　　）内。

    A.B-BOX　　　　　　　　　　B. 电机控制器

    C.VTOG　　　　　　　　　　　D. 车载充电机

（4）比亚迪 E5 的高压电控总成由（　　　）组成。

    A. 电池管理控制器 BMC　　　　　B.DC/DC

    C.VTOG　　　　　　　　　　　D. 高压分配箱

（5）吉利 EV450 的整车高压分线盒集成于（　　　）内。

    A. 动力电池包　　　　　　　　　B. 电机控制器

    C. 驱动电机　　　　　　　　　　D. 车载充电机

参 考 文 献

［1］孔超.新能源汽车动力电池拆装与检测［M］.北京：北京理工大学出版社，2020.

［2］张家佩，许平.新能源汽车动力电池管理及维护技术［M］.北京：电子工业出版社，2020.

［3］杨光明，陈忠民.电动汽车动力电池及管理系统原理与检修［M］.北京：化学工业出版社，2019.

［4］蒋鸣雷.新能源汽车动力电池结构与检修［M］.北京：机械工业出版社，2018.

［5］谭婷，李健平.新能源汽车电池及管理系统检修［M］.北京：机械工业出版社，2019.

［6］刘海峰，廖辉湘.电动汽车动力蓄电池及管理系统［M］.北京：人民交通出版社，2018.

［7］曾鑫，刘涛.新能源汽车动力电池与驱动电机［M］.北京：人民交通出版社，2017.

高职高专新能源汽车专业"1+X"课证融通新形态教材

新能源汽车动力电池及管理系统检修

实训工单

NEW ENERGY VEHICLE

吴海东　袁牧　苏庆列　主编

班　　级：＿＿＿＿＿＿＿＿＿　　　学　　号：＿＿＿＿＿＿＿＿＿

姓　　名：＿＿＿＿＿＿＿＿＿　　　指导老师：＿＿＿＿＿＿＿＿＿

机械工业出版社

CHINA MACHINE PRESS

目　　录 Contents

实训工单一　电动汽车动力电池认知

一、接受任务

一辆 2018 款吉利帝豪 EV450 电动汽车出现动力电池绝缘故障（严重）。

你知道电动汽车动力电池发展过程吗？你了解锂离子电池的类型、性能、结构与工作原理吗？请对比市面上量产车型动力电池组的性能参数，说明 EV450 动力电池的性能特点。

二、收集信息

1. 知识准备

（1）铅酸电池的正极是（　　　）。

    A. 铅（Pb）　　　　　　　　　　　　B. 二氧化铅（PbO_2）

    C. 钴酸锂（LCO）　　　　　　　　　　D. 镍氧化物

（2）镍氢电池的标称电压为（　　　）。

    A. 1.2V　　　　　　B. 2.1V　　　　　　C. 3.7V　　　　　　D. 4.2V

（3）镍氢电池相对锂离子电池的优点在于（　　　）。

    A. 额定电压高　　　B. 能量密度高　　　C. 安全性好　　　　D. 重量轻

（4）电池的开路电压取决于（　　　）。

    A. 电池的荷电状态　B. 温度　　　　　　C. 记忆效应　　　　D. 电池电动势

（5）电池容量单位为（　　　）。

    A. A·h　　　　　　B. W·h　　　　　　C. I·h　　　　　　D. V·h

（6）荷电状态 SOC 计算方法主要有（　　　）。

    A. 安时计量法　　　B. 开路电压法　　　C. 线性模型法　　　D. 神经网络法

（7）电池额定容量为 50A·h，以 0.5C 放电倍率放电电流为（　　　）。

    A. 50A　　　　　　B. 25A　　　　　　C. 10A　　　　　　D. 5A

（8）充满电的电池一次放完电，则放电深度 DOD 为（　　　）。

    A. 0%　　　　　　B. 20%　　　　　　C. 80%　　　　　　D. 100%

（9）锂离子电池正极材料主要有（　　　）。

    A. 钴酸锂（LCO）　B. 磷酸铁锂（LFP）C. 锰酸锂（LMO）　D. 三元锂（NCM）

（10）某电池模组由容量 3A·h，标称电压 3.7V 的三元锂离子电池组成，电池模组输出电压 14.8V，容量为 9A·h，则该电池模组型号为（　　　）。

    A. 2P3S　　　　　　B. 2P4S　　　　　　C. 3P3S　　　　　　D. 3P4S

（11）EV450 电动汽车动力电池采用三元锂离子电池，由 10 个 1P6S 电池模组和 7 个 1P5S 电池模组串联形成，共计（　　　　）节单体电池。

A.92　　　　　　　　B.93　　　　　　　　C.94　　　　　　　　D. 95

（12）EV450 动力电池总成的高压插接器为（　　　）。

A. BV16　　　　　　B. BV17　　　　　　C. BV20　　　　　　D. BV23

2. 技能准备

（1）完成下表不同类型电池性能对比。

电池类型	能量效率 (%)	能量密度/(W·h/kg)	标称电压 / V	循环寿命（次）
铅酸蓄电池				
镍氢电池				
锂离子电池（三元锂）				

（2）在空格中填出该车部件名称。

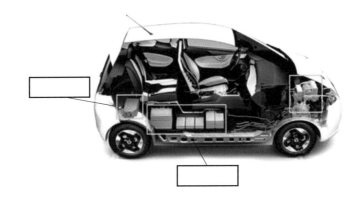

三、制订计划

1. 根据任务要求制订实训计划

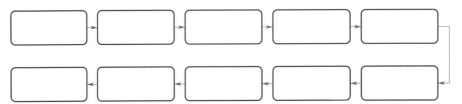

2. 请根据操作计划，完成小组成员任务分工

主操作人		记录员	
监护人		展示员	

四、任务实施

1. 作业前准备

作业图例	作业内容	完成情况		
	作业前现场环境检查	☐ 规范着装 ☐ 拉设安全围挡 ☐ 放置安全警示牌 ☐ 检查灭火器 ☐ 检查测量终端状态 ☐ 铺设防护四件套		
 安全帽　　护目镜 绝缘鞋　　绝缘手套	防护用具检查	☐ 检查绝缘手套 ☐ 检查护目镜 ☐ 检查安全帽 ☐ 检查绝缘鞋		
 诊断仪　　放电工装 万用表　　绝缘测试仪	仪表工具检查	☐ 检查万用表、绝缘检测仪是否正常 ☐ 检查故障诊断仪是否正常 ☐ 检查绝缘工具是否齐全、正常 ☐ 检查放电工装是否正常 ☐ 检查维修手册、电路图是否完备		
	测量绝缘地垫绝缘电阻	测量值 ＿＿Ω	标准值 ＿＿Ω	判别 ☐ 正常 ☐ 异常

2. 登记车辆基本信息

项目	内容	完成情况
品牌		□是 □否
VIN		□是 □否
生产日期		□是 □否
动力电池	型号： 额定容量：	□是 □否
驱动电机	型号： 额定功率：	□是 □否
行驶里程	km	□是 □否

3. 动力电池总成认知的准备工作

作业图例	作业内容	完成情况
	关闭点火开关，拔下钥匙	□是 □否
	拆下低压蓄电池负极，使用绝缘胶带包好，断开整车低压控制电源	□是 □否
	佩戴绝缘手套，断开动力电池高压维修开关	□是 □否
	当车辆举升到需要的高度时，举升机要锁止安全锁	□是 □否

（续）

作业图例	作业内容	完成情况
	拆下动力电池总正、总负和低压线束插头	□是　□否

4. 北汽新能源汽车 EV160 动力电池的认知

作业图例	作业内容	完成情况
	电池箱体与车辆底盘的固定认知 动力电池固定螺栓工具：_____ 动力电池固定螺栓拧紧力矩：_____	□是　□否
	1）高压插接器认知 高压线束插头颜色：_____ 2）低压插接器认知 低压线束插头颜色：_____	□是　□否
	电池箱体划痕 / 腐蚀 / 变形 / 破损检查 查找资料填写完成动力电池参数 （见下表）	□是　□否

项目名称	普莱德 –EV160
额定电压 / V	
单体电池容量 / A · h	
额定电量 / kW · h	
连接方式	
单体电池供应商	
BMS 供应商	
工作电压范围 / V	
总体积 / L	
能量密度 /（W · h/kg）	
体积比能量 /（W · h/L）	

5. 吉利帝豪 EV450 动力电池的认知

作业图例	作业内容	完成情况
	电池箱体与车辆底盘的固定认知 **动力电池总成与车身固定螺栓** 规格： 拧紧力矩： 个数： 动力电池总成支架固定螺栓： **动力电池总成与车身固定螺栓** 规格： 拧紧力矩： 个数：	□是　□否
	1）高压插接器认知 动力电池与直流充电插座连接插头编号：_____位置：□上　□下 动力电池与车载充电机连接插头编号：_____位置：□上　□下 2）低压插接器认知 低压线束插头 CA69 颜色：_____ 低压线束插头 CA70 颜色：_____	□是　□否
	电池箱体划痕／腐蚀／变形／破损检查 填写完成动力电池参数 **电池种类** 额定电压／V： 额定容量／A·h： 重量： 装置型号： 物料编号： 产品序号： 生产日期：	□是　□否

第一张表格展开如下：

电池箱体与车辆底盘的固定认知

动力电池总成与车身固定螺栓	
规格	
拧紧力矩	
个数	

动力电池总成支架固定螺栓：

动力电池总成与车身固定螺栓	
规格	
拧紧力矩	
个数	

第三张表格展开如下：

电池种类	
额定电压 / V	
额定容量 / A·h	
重量	
装置型号	
物料编号	
产品序号	
生产日期	

6. 恢复场地

作业图例	作业内容	完成情况
	关闭车辆启动开关	□ 是　□ 否
	收起并整理防护四件套	□ 是　□ 否
	关闭测量平台一体机	□ 是　□ 否
	关闭测量平台电源开关	□ 是　□ 否
	清洁并整理测量平台	□ 是　□ 否
	清洁防护用具并归位	□ 是　□ 否
	清洁整理仪器设备与工具	□ 是　□ 否
	清洁实训场地	□ 是　□ 否
	收起安全警示牌	□ 是　□ 否
	收起安全围挡	□ 是　□ 否

五、过程检查

1. 自我评价或小组评价

序号	检查项目	权重	自我评价
1	信息收集完成情况	20	
2	制订计划合理性	10	
3	实施过程完成的正确性	45	
4	学生在实施过程的参与程度	15	
5	安全防护与 6S 操作	10	
	总成绩		

2. 自我反思或小组反思

根据自己在课堂上的实际表现进行自我反思。

六、反馈总结

1. 实训过程评分

实训指导教师按下述评分标准检查本组作业结果。

项目	内容	评分标准	得分
知识点（30分）	1. 认知动力电池和锂离子电池的种类（10分）	正确表述种类和名称	
	2. 了解动力电池箱的结构（10分）	正确描述动力电池箱的结构	
	3. 熟悉各种动力电池的额定电压和 EV450 动力电池总成性能参数（10分）	正确表述动力电池的额定电压和 EV450 动力电池总成的性能参数，错一项扣 2 分	
技能点（45分）	正确完成准备工作（5分）	视完成情况扣分	
	正确搜集车辆信息（5分）		
	正确找到动力电池的位置（5分）		
	正确检查动力电池箱的外观（10分）	视完成情况扣分	
	检查动力电池螺栓的紧固状态（5分）		
	正确检查动力电池外部高低压插接件（15分）		
素质点（25分）	严格执行操作规范（10分）	视不规范情况扣分	
	任务完成的熟练程度（10分）	视完成情况扣分	
	6S 管理（5分）	视完成情况扣分	
总分			

2. 改进与提升

实训指导教师检查本组作业结果，针对实训过程出现的问题提出改进措施与提升训练计划。

（1）改进措施：

（2）提升训练计划：

实训工单二　动力电池管理系统认知

一、接受任务

　　动力电池管理系统（Battery Management System，BMS）是对动力电池包进行监测、保护和运行管理的一套系统，它是电动汽车动力电池核心技术之一。BMS 通过对动力电池包及其单体电池状态进行监测、运算分析、能量控制、均衡控制、故障自诊断等，保持动力电池正常运行，保证车辆运行安全和提高动力电池寿命。

　　你能识别动力电池管理系统的结构并进行供电检测吗？

二、收集信息

1. 知识准备

（1）动力电池管理系统英文缩写_____。

（2）按（GB/T31466-2015）《电动车辆高压系统电压等级》的规定，电动汽车可选电压一般为_____、_____、_____、_____等。

（3）动力电池管理系统是_____的一套系统。

（4）动力电池管理系统是动力电池与_____沟通的桥梁。

（5）动力电池管理系统一般包括_____、_____、_____、_____、_____等五个部分。

（6）动力电池管理系统的控制单元（BMU）一般集成有_____、_____两个模块。

（7）高压配电盒主要包括_____、_____、_____、_____、_____等。

（8）动力电池管理系统常用电流传感器主要有_____、_____两种。

（9）锂离子电池理想的工作温度是_____℃。

（10）动力电池管理系统主要功用_____、_____、_____、_____、_____等。

（11）单体电池电压采样周期不超过_____，测量精度_____（满量程），且全温度范围内误差不大于_____。

（12）按照 GB/T 18384.1-2015、GB/T 18384.3-2015 的规定，绝缘电阻_____属于严重绝缘故障。

（13）电池荷电状态估算简称_____，电池健康状态估算简称_____。

（14）动力电池管理系统能量管理主要包括_____和_____。

（15）动力 CAN 总线的速率要求≥_____。

（16）动力电池管理系统按主控模块和从控模块拓扑结构可分为_____和

_____两种类型。

（17）动力电池温度传感器主要有_____、_____、_____等形式。

（18）标准化电压是 75mV，额定电流 100A 的分流器电阻值为_____。

（19）霍尔电流传感器包括_____和_____两种类型。

（20）高压母线绝缘性检测方法主要有_____、_____和_____等。

（21）脉冲信号注入法可单独检测_____和_____的绝缘电阻。

（22）高压互锁就是_____。

（23）高压插接器插入时，_____先接触，_____后闭合。

（24）高压互锁 HVIL 检测信号一般有_____和_____两种。

（25）动力电池状态估算主要包括_____、_____、_____和_____等。

（26）SOC 的估算方法主要有_____、_____、_____、_____等。

（27）实践应用中常用_____与_____作为评价 SOH 的指标。

（28）动力电池均衡按能量的转移形式可_____、_____两种类型。

（29）主动均衡可分为_____、_____、_____、_____等。

（30）动力电池管理系统的内部通信可分为_____、_____两种形式。

2. 技能准备

（1）在空格中填出 EV450 动力电池各部件名称。

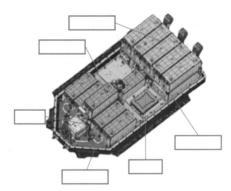

（2）在空格中填出 EV450 动力电池高压、低压插接器编号，并标注低压插接器端子定义。

插接器名称	端子号	定义	颜色	插接器名称	端子号	定义	颜色
CA69	1			CA70	1		
	2				2		
	3				3		
	4				4		
	6				5		
	7				11		
	9				12		
	10						
	11						
	12						

（3）查阅吉利 EV450 电路图，动力电池管理系统供电线路图所在页码为＿＿＿＿＿＿＿。

（4）画出 EV450 动力电池管理系统供电线路简图。

三、制订计划

1. 根据任务要求制订实训计划

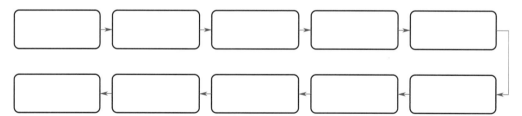

2. 请根据操作计划，完成小组成员任务分工

主操作人		记录员	
监护人		展示员	

四、任务实施

读取动力电池管理
系统状态数据

1. 作业前准备

作业图例	作业内容	完成情况		
	作业前现场环境检查	☐ 规范着装 ☐ 拉设安全围挡 ☐ 放置安全警示牌 ☐ 检查灭火器 ☐ 检查测量终端状态 ☐ 铺设防护四件套		
安全帽　　护目镜 绝缘鞋　　绝缘手套	防护用具检查	☐ 检查绝缘手套 ☐ 检查护目镜 ☐ 检查安全帽 ☐ 检查绝缘鞋		
诊断仪　　放电工装 万用表　　绝缘测试仪	仪表工具检查	☐ 检查万用表、绝缘检测仪是否正常 ☐ 检查故障诊断仪是否正常 ☐ 检查绝缘工具是否齐全、正常 ☐ 检查放电工装是否正常 ☐ 检查维修手册、电路图是否完备		
	测量绝缘地垫绝缘电阻	测量值 _____ Ω	标准值 _____ Ω	判别 ☐ 正常 ☐ 异常

2. 登记车辆基本信息

项目	内容		完成情况
品牌			□是　□否
VIN			□是　□否
生产日期			□是　□否
动力电池	型号：	额定容量：	□是　□否
驱动电机	型号：	额定功率：	□是　□否
行驶里程	km		□是　□否

3. 读取故障代码、数据流

作业图例	作业内容	完成情况	
	关闭点火开关	□是　□否	
	将 OBD Ⅱ 测量线连接至 VCI 设备	□是　□否	
	连接车辆 OBD 诊断座，VCI 设备电源指示灯亮起	□是　□否	
	打开点火开关	□是　□否	

作业图例	作业内容	故障码	含义
	选择相应车型并读取故障码		

作业图例	作业内容	数据流名称	数据值
	读取与故障相关数据流		

4. 检查蓄电池电压

作业图例	作业内容	完成情况		
	关闭点火开关，钥匙安全存放	□是　□否		
	断开蓄电池负极	□是　□否		
		测量值	标准值	判断
	测量蓄电池电压	＿＿V	＿＿V	□正常 □异常

5. 检查 BMS 供电电源保险 EF01 和 IF18 是否熔断

作业图例	作业内容	完成情况		
	把启动开关置于 OFF 档，拆下蓄电池负极	□是　□否		
	拔下熔丝 EF01	□是　□否		
	拔下熔丝 IF18	□是　□否		
	测量熔丝电阻值，判断熔丝是否损坏	□正常　□异常		
		测量位置	测量值	标准值
		EF01	＿＿Ω	＿＿Ω
		IF18	＿＿Ω	＿＿Ω

检测分析

动力电池管理系统
常电源电压测量

6. 检查 BMS 控制器线束连接器侧电源电压

作业图例	作业内容	完成情况		
	断开 BMS 控制器线束插接器 CA69	□是　□否		
	连接蓄电池负极	□是　□否		
	测量线束插接器 CA69/（　　） 与接地电压	测量值	标准值	判断
		＿＿V	＿＿V	□正常 □异常
	将启动开关置于 ON 档	□是　□否		
	测量线束插接器 CA69/（　　） 与接地电压	测量值	标准值	判断
		＿＿Ω	＿＿Ω	□正常 □异常

7. 恢复场地

作业图例	作业内容	完成情况
	关闭车辆启动开关	□是　□否
	收起并整理防护四件套	□是　□否
	关闭测量平台一体机	□是　□否
	关闭测量平台电源开关	□是　□否

（续）

作业图例	作业内容	完成情况
	清洁并整理测量平台	□ 是　□ 否
	清洁防护用具并归位	□ 是　□ 否
	清洁整理仪器设备与工具	□ 是　□ 否
	清洁实训场地	□ 是　□ 否
	收起安全警示牌	□ 是　□ 否
	收起安全围挡	□ 是　□ 否

五、过程检查

1. 自我评价或小组评价

序号	检查项目	权重	自我评价
1	信息收集完成情况	20	
2	制订计划合理性	10	
3	实施过程完成的正确性	45	
4	学生在实施过程的参与程度	15	
5	安全防护与 6S 操作	10	
总成绩			

2. 自我反思或小组反思

根据自己在课堂上的实际表现进行自我反思。

六、反馈总结

1. 实训过程评分

实训指导教师按下述评分标准检查本组作业结果。

项目	内容	评分标准	得分
知识点（30分）	1.认知动力电池管理系统的组成（10分）	正确表述动力电池管理系统的五项组成	
	2.理解动力电池管理系统的功能（10分）	正确表述动力电池管理系统的七项功能	
	3.熟悉动力电池管理系统供电线路图及低压插接器端子含义（10分）	端子错误每项扣3分	
技能点（45分）	正确完成环境检查（5分）	视完成情况扣分	
	正确完成防护用具和工具检查（5分）		
	正确读取数据流（5分）		
	正确完成上下电操作（10分）	视完成情况扣分	
	正确完成蓄电池电压测量（5分）		
	正确完成熔丝的短路检查（5分）		
	正确完成供电电压测量（10分）		
素质点（25分）	严格执行操作规范（10分）	视不规范情况扣分	
	任务完成的熟练程度（10分）	视完成情况扣分	
	6S管理（5分）	视完成情况扣分	
总分			

2.改进与提升

实训指导教师检查本组作业结果，针对实训过程出现的问题提出改进措施与提升训练计划。

（1）改进措施：

（2）提升训练计划：

实训工单三　动力电池管理系统（BMS）电源故障检修

一、接受任务

一辆2018款吉利帝豪EV450电动汽车仪表故障灯点亮，显示"电量不足，请及时充电"，车辆无法上电、无法充电。

你知道BMS的上下电、充电控制策略吗？你知道BMS常见故障诊断与排除流程吗？请你对上述故障进行诊断与排除。

二、收集信息

1. 作业前准备

作业图例	作业内容	完成情况
	作业前现场环境检查	☐ 规范着装 ☐ 拉设安全围挡 ☐ 放置安全警示牌 ☐ 检查测量终端状态 ☐ 铺设防护四件套
 安全帽　　护目镜 绝缘鞋　　绝缘手套	防护用具检查	☐ 检查绝缘手套 ☐ 检查护目镜 ☐ 检查安全帽 ☐ 检查绝缘鞋
 诊断仪　　放电工装 万用表　　绝缘测试仪	仪表工具检查	☐ 检查万用表、绝缘检测仪是否正常 ☐ 检查故障诊断仪是否正常 ☐ 检查绝缘工具是否齐全、正常 ☐ 检查放电工装是否正常 ☐ 检查维修手册、电路图是否完备

（续）

作业图例	作业内容	完成情况		
	测量绝缘地垫绝缘电阻	测量值	标准值	判别
		____Ω	____Ω	□ 正常 □ 异常

2. 登记车辆基本信息

项目	内容		完成情况
品牌			□ 是　□ 否
VIN			□ 是　□ 否
生产日期			□ 是　□ 否
动力电池	型号：	额定容量：	□ 是　□ 否
驱动电机	型号：	额定功率：	□ 是　□ 否
行驶里程	km		□ 是　□ 否

3. 基本检查

作业图例	作业内容	完成情况		
	蓄电池电压	测量值	标准值	判断
		____V	____V	□ 正常 □ 异常
	高压部件及其插接器情况	□ 正常　□ 异常		
	低压部件及其插接器情况	□ 正常　□ 异常		

4. 故障现象确认

作业图例	作业内容	完成情况		
	踩下制动踏板,打开点火开关	□ 是　□ 否		
	观察仪表现象	显示	判断	
			□ 正常　□ 异常	
			□ 正常　□ 异常	
			□ 正常　□ 异常	
			□ 正常　□ 异常	
			□ 正常　□ 异常	
	整车能否上电	□ 能　□ 不能		
	交流慢充能否充电	□ 能　□ 不能		

5. 读取故障码、数据流

作业图例	作业内容	完成情况
	关闭点火开关	□ 是　□ 否
	将 OBD Ⅱ 测量线连接至 VCI 设备	□ 是　□ 否
	连接车辆 OBD 诊断座,VCI 设备电源指示灯亮起	□ 是　□ 否
	打开点火开关	□ 是　□ 否

（续）

作业图例	作业内容	完成情况	
		故障码	含义
	选择相应车型并读取故障码		
		·	
		数据流名称	数据值
	读取与故障相关数据流		

6. 故障范围分析

思维导图

7. 知识技能准备

（1）查阅吉利 EV450 电路图，BMS 控制器电路图所在页码为_____。

（2）画出 EV450 BMS 控制器电源线路简图。

（3）BMS 控制器常电线路颜色为_____，IG 电线路颜色为_____。

（4）BMS 控制器 IG 电的熔丝编号为_____，额定电流为_____A。

（5）简述 BMS 电源故障主要故障码及含义。

故障码	含义
U3006-16	
U3006-17	
U3006-29	

三、制订计划

1. 根据任务要求制订实训计划

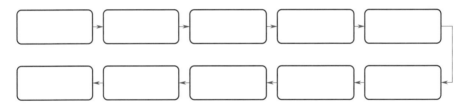

2. 请根据操作计划，完成小组成员任务分工

主操作人		记录员	
监护人		展示员	

四、任务实施

动力电池管理系统
电源故障检修

1. 检查 BMS 供电电源熔丝 EF01 和 IF18 是否熔断

作业图例	作业内容	完成情况
	把启动开关置于 OFF 档，拆下蓄电池负极	□是　□否

（续）

作业图例	作业内容	完成情况		
	拔下熔丝 EF01	□ 是　□ 否		
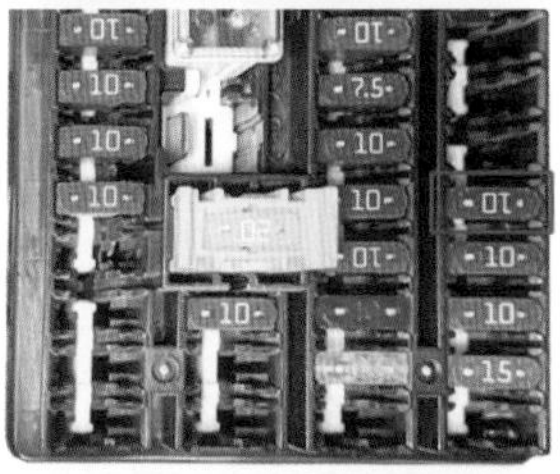	拔下熔丝 IF18	□ 是　□ 否		
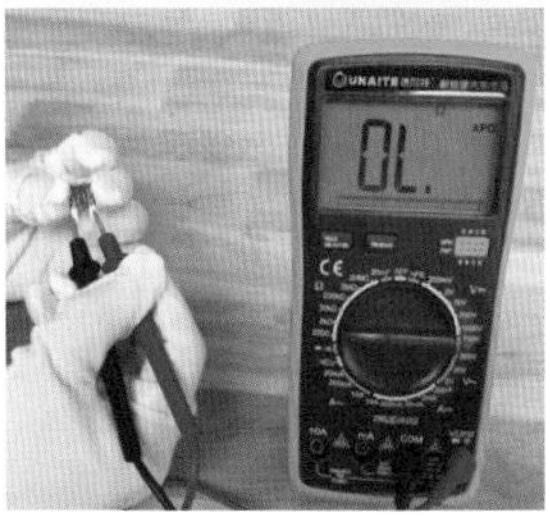	测量熔丝电阻值，判断保险丝是否损坏	□ 正常　□ 异常		
		测量位置	测量值	标准值
		EF01	＿＿＿Ω	＿＿＿Ω
		IF18	＿＿＿Ω	＿＿＿Ω

检测分析

2. 检查熔丝 EF01 和 IF18 线路是否有对地短路现象

作业图例	作业内容	完成情况		
	把启动开关置于 OFF 档，拆下蓄电池负极	□ 是　□ 否		
	测量熔丝插座端子与接地之间电阻，判断熔丝线路对地是否存在短路故障	□ 正常　□ 异常		
		测量位置	测量值	标准值
		EF01	＿＿＿Ω	＿＿＿Ω
		IF18	＿＿＿Ω	＿＿＿Ω

检测分析

3. 检查 BMS 控制器线束插接器侧电源电压

作业图例	作业内容	完成情况		
	断开 BMS 控制器线束插接器 CA69	□是　□否		
	连接蓄电池负极	□是　□否		
	测量线束插接器 CA69/（　）与接地电压	测量值	标准值	判断
		＿＿V	＿＿V	□正常 □异常
	将启动开关置于 ON 档	□是　□否		
	测量线束插接器 CA69/（　）与接地电压	测量值	标准值	判断
		＿＿Ω	＿＿Ω	□正常 □异常

4. 检查 BMS 控制器线束插接器接地端子导通性

作业图例	作业内容	完成情况
	把启动开关置于 OFF 档，拆下蓄电池负极	□是　□否

（续）

作业图例	作业内容	完成情况		
	断开 BMS 控制器线束插接器 CA69	□是　□否		
	测量线束插接器 CA69/（　　）与接地电阻	测量值	标准值	判断
		＿＿Ω	＿＿Ω	□正常 □异常

5. 故障恢复并验证

作业图例	作业内容	完成情况
	连接蓄电池负极	□是　□否
	踩下制动踏板，打开启动开关	□是　□否
	观察仪表显示是否正常	□是　□否
	整车能否上电	□能　□不能
	交流慢充能否充电	□能　□不能

（续）

作业图例	作业内容	完成情况
	连接故障诊断仪，读取并清除故障码	□是 □否

验证分析：

6. 恢复场地

作业图例	作业内容	完成情况
	关闭车辆启动开关	□是 □否
	收起并整理防护四件套	□是 □否
	关闭测量平台一体机	□是 □否
	关闭测量平台电源开关	□是 □否
	清洁并整理测量平台	□是 □否
	清洁防护用具并归位	□是 □否
	清洁整理仪器设备与工具	□是 □否
	清洁实训场地	□是 □否
	收起安全警示牌	□是 □否
	收起安全围挡	□是 □否

五、过程检查

1. 自我评价或小组评价

序号	检查项目	权重	自我评价
1	信息收集完成情况	20	
2	制订计划合理性	10	
3	实施过程完成的正确性	45	
4	学生在实施过程的参与程度	15	
5	安全防护与6S操作	10	
总成绩			

2. 自我反思或小组反思

根据自己在课堂上的实际表现进行自我反思。

六、反馈总结

1. 实训过程评分

实训指导教师按下述评分标准检查本组作业结果。

项目	内容	评分标准	得分
知识点（30分）	1. 认知 BMS 类型、组件、安装位置（10分）	视操作情况扣分	
	2. 掌握 BMS 的工作原理（10分）	正确表述 BMS 上下电控制策略，不熟悉视情扣分	
	3. 熟悉 BMS 控制电路及各端子含义（10分）	端子错误每项扣 3 分	
技能点（45分）	正确基本检查和故障现象确认（10分）	视完成情况扣分	
	正确读取故障码和数据流并进行故障范围分析（10分）	视完成情况扣分	
	正确制订计划并进行故障诊断与排除（25分）	测量点每错误一项扣 5 分	
素质点（25分）	严格执行操作规范（10分）	视不规范情况扣分	
	任务完成的熟练程度（10分）	视完成情况扣分	
	6S 管理（5分）	视完成情况扣分	
总分			

2. 改进与提升

实训指导教师检查本组作业结果，针对实训过程出现的问题提出改进措施与提升训练计划。

（1）改进措施：

（2）提升训练计划：

实训工单四　动力电池热管理系统认知

一、接受任务

你知道电动汽车为什么需要动力电池热管理系统吗？你能够识别吉利帝豪 EV450 动力电池热管理系统部件位置并进行工作状态检查吗？

二、收集信息

动力电池热管理工作原理

1. 知识准备

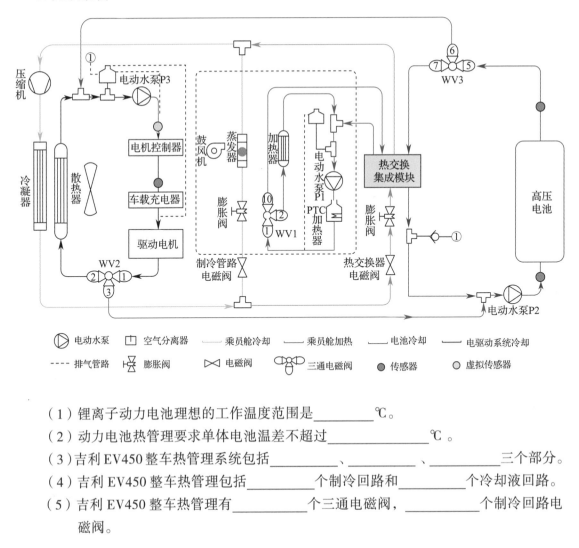

（1）锂离子动力电池理想的工作温度范围是_____℃。

（2）动力电池热管理要求单体电池温差不超过_____℃ 。

（3）吉利 EV450 整车热管理系统包括_____、_____、_____三个部分。

（4）吉利 EV450 整车热管理包括_____个制冷回路和_____个冷却液回路。

（5）吉利 EV450 整车热管理有_____个三通电磁阀，_____个制冷回路电磁阀。

（6）吉利 EV450 整车热管理有_____个水泵。

（7）吉利 EV450 电驱动水泵（P3）由_____控制。

（8）PTC 加热水泵（P1）的作用是_____。

（9）热交换器电磁阀的作用是_____。

（10）吉利 EV450 热管理系统的控制器为_____。

2. 技能准备

（1）查找动力电池冷却回路部件电路图。

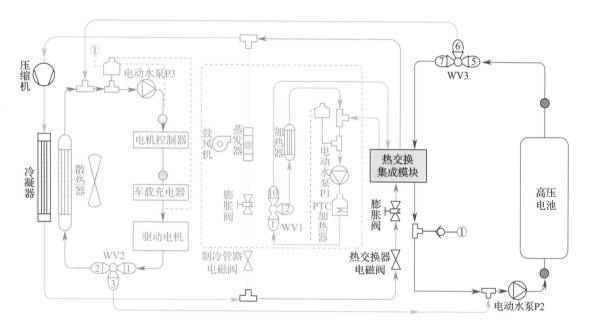

冷却回路部件	绘制电路图	电路图页码	部件脚位含义
压缩机			
热交换器电磁阀			
WV3 电磁阀			
电动水泵 P2			

（2）查找动力电池加热回路部件电路图。

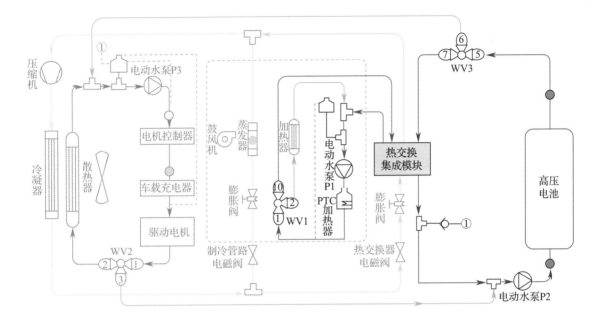

加热回路部件	绘制电路图	电路图页码	部件脚位含义
PTC 加热器			
电动水泵 P1			
WV1 电磁阀			
电动水泵 P2			

（3）查找电驱动冷却回路加热动力电池部件电路图。

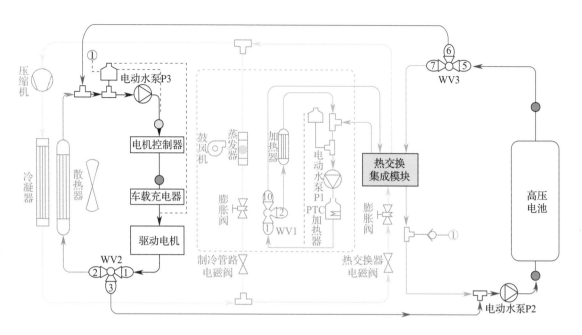

加热回路部件	绘制电路图	电路图页码	部件脚位含义
电动水泵 P3			
WV2 电磁阀			

三、制订计划

1. 根据任务要求制订实训计划

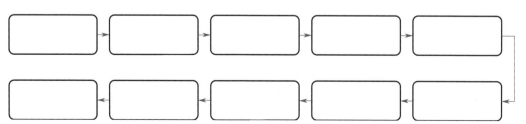

2. 请根据操作计划，完成小组成员任务分工

主操作人		记录员	
监护人		展示员	

四、任务实施

1. 标出动力电池热管理系统回路各部件名称并在实车中找出

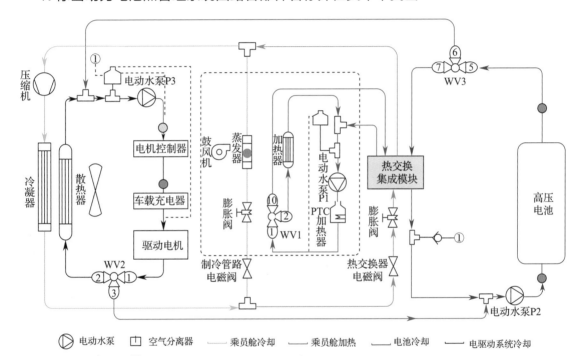

1—PTC 加热器回路膨胀罐　2—动力电池、电驱动回路膨胀罐　3—电机水泵 P3　4—PTC 加热水泵 P1
5—动力电池冷却水泵 P2　6—三通电磁阀 WV1　7—三通电磁阀 WV2　8—三通电磁阀 WV3　9—压缩机
10—PTC 加热器　11—热交换集成模块　12—散热风扇　13—冷凝器　14—热交换器电磁阀
15—制冷管路电磁阀　16—加热器

动力电池热管理系统状态	填写部件编号
动力电池冷却回路部件	
动力电池加热回路部件	
电驱动加热动力电池回路部件	

2. 作业前准备

作业图例	作业内容	完成情况		
	作业前现场环境检查	□ 规范着装 □ 设置隔离栏 □ 放置安全警示牌 □ 检查灭火器 □ 检查测量终端状态 □ 铺设防护四件套		
 安全帽　　护目镜 绝缘鞋　　绝缘手套	防护用具检查	□ 检查绝缘手套 □ 检查护目镜 □ 检查安全帽 □ 检查绝缘鞋		
 诊断仪　　放电工装 万用表　　绝缘测试仪	仪表工具检查	□ 检查万用表、绝缘检测仪是否正常 □ 检查故障诊断仪是否正常 □ 检查绝缘工具是否齐全、正常 □ 检查放电工装是否正常 □ 检查维修手册、电路图是否完备		
	测量绝缘地垫绝缘电阻	测量值 _____Ω	标准值 _____Ω	判别 □ 正常 □ 异常

3. 登记车辆基本信息

项目	内容	完成情况
品牌		□ 是　□ 否
VIN		□ 是　□ 否
生产日期		□ 是　□ 否
动力电池	型号：　　　　　额定容量：	□ 是　□ 否
驱动电机	型号：　　　　　额定功率：	□ 是　□ 否
行驶里程	km	□ 是　□ 否

4. 读取故障码、数据流

作业图例	作业内容	完成情况	
	关闭点火开关	□ 是　□ 否	
	将 OBD Ⅱ 测量线连接至 VCI 设备	□ 是　□ 否	
	连接车辆 OBD 诊断座，VCI 设备电源指示灯亮起	□ 是　□ 否	
	打开点火开关	□ 是　□ 否	
	选择相应车型并读取故障码	故障码	含义
	读取与故障相关数据流	数据流名称	数据值

5. 检查蓄电池电压

作业图例	作业内容	完成情况		
	关闭点火开关，钥匙安全存放	□ 是　□ 否		
	断开蓄电池负极	□ 是　□ 否		
	测量蓄电池电压	测量值	标准值	判断
		＿＿V	＿＿V	□ 正常 □ 异常

ptc 加热水
泵故障检修

6. 检测 PTC 加热水泵供电电压

作业图例	作业内容	完成情况		
	断开加热水泵线束插接器 CA72	□ 是　□ 否		
	打开点火开关，车辆上电	□ 是　□ 否		
	测量线束插接器 CA72/（　　）与接地电压	测量值	标准值	判断
		＿＿V	＿＿V	□ 正常 □ 异常
	空调开启制热功能	□ 是　□ 否		

（续）

作业图例	作业内容	完成情况		
	测量线束插接器 CA72/（ ）与接地电压	测量值	标准值	判断
		____V	____V	□ 正常 □ 异常

检测分析：

7. 检测三通电磁阀供电电压

作业图例	作业内容	完成情况		
	断开三通电磁阀线束插接器 CA56	□ 是　　□ 否		
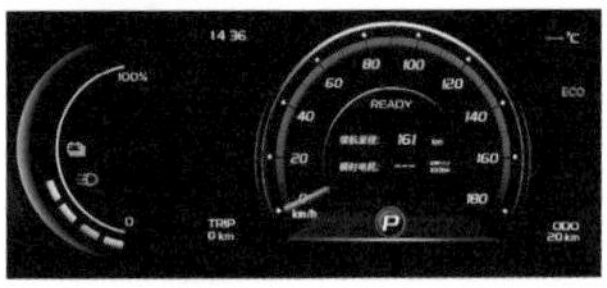	打开点火开关，车辆上电	□ 是　　□ 否		
	测量线束插接器CA56/（ ）与接地电压	测量值	标准值	判断
		____V	____V	□ 正常 □ 异常
	空调开启制热功能	□ 是　　□ 否		

（续）

作业图例	作业内容	完成情况		
		测量值	标准值	判断
	测量线束插接器 CA56/（　） 与接地电压	＿＿V	＿＿V	□ 正常 □ 异常

检测分析：

8. 检测热交换器电磁阀供电电压

作业图例	作业内容	完成情况		
	断开热交换器电池阀线束插接器 CA57	□ 是　　□ 否		
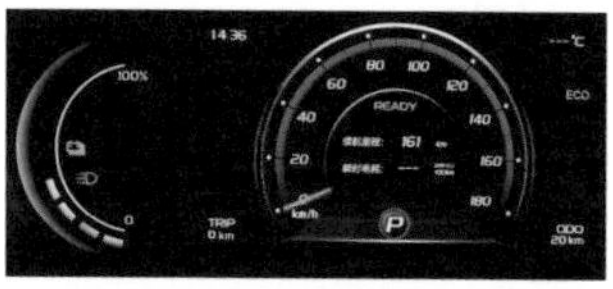	打开点火开关，车辆上电	□ 是　　□ 否		
		测量值	标准值	判断
	测量线束插接器 CA57/（　） 与接地电压	＿＿V	＿＿V	□ 正常 □ 异常
	空调开启制热功能	□ 是　　□ 否		

（续）

作业图例	作业内容	完成情况		
		测量值	标准值	判断
	测量线束插接器 CA57/（　　） 与接地电压	＿＿V	＿＿V	□ 正常 □ 异常

检测分析：

9. 恢复场地

作业图例	作业内容	完成情况
	关闭车辆启动开关	□ 是　□ 否
	收起并整理防护四件套	□ 是　□ 否
	关闭测量平台一体机	□ 是　□ 否
	关闭测量平台电源开关	□ 是　□ 否
	清洁并整理测量平台	□ 是　□ 否
	清洁防护用具并归位	□ 是　□ 否
	清洁整理仪器设备与工具	□ 是　□ 否
	清洁实训场地	□ 是　□ 否
	收起安全警示牌	□ 是　□ 否
	收起安全围挡	□ 是　□ 否

五、过程检查

1. 自我评价或小组评价

序号	检查项目	权重	自我评价
1	信息收集完成情况	20	
2	制订计划合理性	10	
3	实施过程完成的正确性	45	
4	学生在实施过程的参与程度	15	
5	安全防护与 6S 操作	10	
总成绩			

2. 自我反思或小组反思

根据自己在课堂上的实际表现进行自我反思。

六、反馈总结

1. 实训过程评分

实训指导教师按下述评分标准检查本组作业结果。

项目	内容	评分标准	得分
知识点 （30分）	1. 认知动力电池热管理组成结构（10分）	视操作情况扣分	
	2. 掌握动力电池热管理系统工作原理（10分）	正确表述动力电池加热与冷却策略，不熟悉视情扣分	
	3. 熟悉动力电池热管理系统部件电路及各端子含义（10分）	端子错误每项扣3分	
技能点 （45分）	正确找出动力电池热管理系统部件位置（20分）	视完成情况扣分	
	正确基本检查确认（5分）	视完成情况扣分	
	正确完成热管理系统部件检测（20分）	测量点每错误一项扣5分	
素质点 （25分）	严格执行操作规范（10分）	视不规范情况扣分	
	任务完成的熟练程度（10分）	视完成情况扣分	
	6S管理（5分）	视完成情况扣分	
总分			

2. 改进与提升

实训指导教师检查本组作业结果，针对实训过程出现的问题提出改进措施与提升训练计划。

（1）改进措施：

（2）提升训练计划：

实训工单五　高压配电系统高压回路检修

一、接受任务

一辆 2018 款吉利帝豪 EV450 电动汽车出现车辆无法上电、无法充电，并报高压互锁故障的现象。车间主管接受维修任务后，初步判断高压回路故障。请你根据高压配电系统电气连接线路图对高压回路进行检测（以电机控制器高压回路为例）。

高压部件
认知

二、收集信息

（1）吉利 EV450 高压配电系统电气连接线路图所在页码为_____。

（2）画出 EV450 电机控制器高压回路简图。

（3）EV450 电机控制器高压连接器编号_____，电机控制器车载充电机侧高压连接器编号为_____，电机控制器的低压连接器编号_____。

三、制订计划

1. 根据任务要求制订实训计划

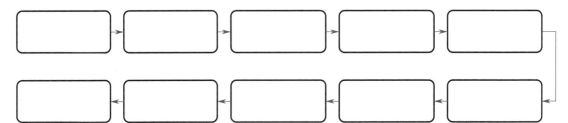

2. 请根据操作计划，完成小组成员任务分工

主操作人		记录员	
监护人		展示员	

四、任务实施

1. 作业前准备

作业图例	作业内容	完成情况		
	作业前现场环境检查	☐ 规范着装 ☐ 拉设安全围挡 ☐ 放置安全警示牌 ☐ 检查灭火器 ☐ 检查测量终端状态 ☐ 铺设防护四件套		
 安全帽　护目镜 绝缘鞋　绝缘手套	防护用具检查	☐ 检查绝缘手套 ☐ 检查护目镜 ☐ 检查安全帽 ☐ 检查绝缘鞋		
 诊断仪　放电工装 万用表　绝缘测试仪	仪表工具检查	☐ 检查万用表、绝缘检测仪是否正常 ☐ 检查故障诊断仪是否正常 ☐ 检查绝缘工具是否齐全、正常 ☐ 检查放电工装是否正常 ☐ 检查维修手册、电路图是否完备		
	测量绝缘地垫绝缘电阻	测量值 ____Ω	标准值 ____Ω	判别 ☐ 正常 ☐ 异常

2. 登记车辆基本信息

项目	内容		完成情况
品牌			□是 □否
VIN			□是 □否
生产日期			□是 □否
动力电池	型号:	额定容量:	□是 □否
驱动电机	型号:	额定功率:	□是 □否
行驶里程	km		□是 □否

3. 用诊断仪读取故障码

作业图例	作业内容	完成情况	
	关闭点火开关	□是 □否	
	将 OBD II 测量线连接至 VCI 设备	□是 □否	
	连接车辆 OBD 诊断座，VCI 设备电源指示灯亮起	□是 □否	
	打开点火开关	□是 □否	
	选择相应车型并读取故障码	故障码	含义
	读取与故障相关数据流	数据流名称	数据值

4. 电机控制器高压回路绝缘性检测

作业图例	作业内容	完成情况		
	操作启动开关使电源模式置于 OFF 状态	□ 是　□ 否		
	拆下蓄电池负极，用绝缘胶布包裹好	□ 是　□ 否		
	断开直流母线线束插接器 BV17	□ 是　□ 否		
	用放电工装对 BV17 进行放电	测量值	标准值	判断
		＿＿V	<5V	□ 完成放电 □ 未完成放电
	断开电机控制器插接器 BV28	□ 是　□ 否		
	用绝缘检测仪测量电机控制器插接器 BV28/1、BV28/2 分别与分线盒盖电阻	测量值	标准值	判断
		＿＿Ω	>20MΩ	□ 正常 □ 异常

检测分析：

5. 电机控制器高压回路断路检测

作业图例	作业内容	完成情况		
	用万用表测量直流母线插接器 BV16/1 与 BV28/1 的电阻	测量值	标准值	判断
		＿＿＿Ω	<1Ω	□ 正常 □ 异常
	用万用表测量直流母线插接器 BV16/2 与 BV28/2 的电阻	测量值	标准值	判断
		＿＿＿Ω	<1Ω	□ 正常 □ 异常

检测分析：

6. 电机控制器高压回路短路检测

作业图例	作业内容	完成情况		
	断开车载充电机分线盒所有高压插接器	□ 是　　□ 否		
	用绝缘检测仪测量电机控制器插接器 BV28/1 与 BV28/2 的电阻	测量值	标准值	判断
		＿＿＿Ω	>20MΩ	□ 正常 □ 异常

检测分析：

7. 恢复场地

作业图例	作业内容	完成情况
	关闭车辆启动开关	□ 是　□ 否
	收起并整理防护四件套	□ 是　□ 否
	关闭测量平台一体机	□ 是　□ 否
	关闭测量平台电源开关	□ 是　□ 否
	清洁并整理测量平台	□ 是　□ 否
	清洁防护用具并归位	□ 是　□ 否
	清洁整理仪器设备与工具	□ 是　□ 否
	清洁实训场地	□ 是　□ 否
	收起安全警示牌	□ 是　□ 否
	收起安全围挡	□ 是　□ 否

五、过程检查

1. 自我评价或小组评价

序号	检查项目	权重	自我评价
1	信息收集完成情况	20	
2	制订计划合理性	10	
3	实施过程完成的正确性	45	
4	学生在实施过程的参与程度	15	
5	安全防护与 6S 操作	10	
总成绩			

2. 自我反思或小组反思

根据自己在课堂上的实际表现进行自我反思。

六、反馈总结

1. 实训过程评分

实训指导教师按下述评分标准检查本组作业结果。

项目	内容	评分标准	得分
知识点 （30分）	1. 了解高压配电系统高压回路组成（10分）	不熟悉高压电气部件视情扣分	
	2. 熟悉高压电气回路及其插接器（10分）	正确查找电路图，熟悉各高压插接器，不熟悉视情扣分	
	3. 掌握高压配电系统高压回路检测方法（10分）	视高压回路检测正确性和规范性扣分	
技能点 （45分）	正确连接诊断仪并读取相关数据（10分）	视完成情况扣分	
	正确检测高压回路绝缘性并进行分析（15分）	视完成情况扣分	
	正确检测高压回路导通性并进行分析（10分）	视完成情况扣分	
	正确检测高压回路有无短路并进行分析（10分）	视完成情况扣分	
素质点 （25分）	严格执行操作规范（10分）	视不规范情况扣分	
	任务完成的熟练程度（10分）	视完成情况扣分	
	6S管理（5分）	视完成情况扣分	
总分			

2. 改进与提升

实训指导教师检查本组作业结果，针对实训过程出现的问题提出改进措施与提升训练计划。

（1）改进措施：

（2）提升训练计划：